W0345284

Liebe Leserin,

lieber Leser,

kurz vor den Azoren war ich zum Glück unter Deck, wollte mich gerade in der Koje ausruhen, da hörte ich sie. Die Klicklaute von Delfinen. Ich kannte sie schon aus der Fernsehserie „Flipper“, und so stieg ich rasch an Deck und fragte die Mitsegler, wo die Tiere seien. Aber niemand wusste von Delfinen, nur ich hatte sie gehört. Nach einer Minute tauchten sie vor dem Bug auf. Der hölzerne Rumpf hatte akustisch reagiert wie ein Saiteninstrument und übertrug ihre Gespräche …

Gespräche? Wir können die Laute von Walen heutzutage noch viel differenzierter und klarer mit Unterwassermikrofonen, sogenannten Hydrofonen, hören und aufzeichnen. Aber sind selbst die komplexen und inzwischen von der Wissenschaft in ihrer eigenen Struktur bestens untersuchten Buckelwallaute, gemeinhin als „Gesänge“ bezeichnet, wirklich eine Sprache? In unserem anthropozentrischen Selbstverständnis? Was, wenn es so wäre und wir könnten diese Meeressäuger verstehen, ihnen gar antworten, mit ihnen sprechen? Die Wissenschaft schreitet dahingehend gerade mächtig voran, primär mithilfe der scheinbar nirgends mehr wegzudenkenden Künstlichen Intelligenz. Was für eine Fantasie ergibt sich so! Ich könnte Wale nach der Tiefsee, über ihre Brutpflege, ihre Empathie, ihre Ängste befragen … Wie uralte Orakel aus einer Welt, die für uns schon lange nicht mehr zu existieren scheint. Wir sind der Idee nachgegangen (Seite 56).

Auch über ein Vorkommnis aus der Vergangenheit schrieb mir mare-Fotograf Stefan Pielow Mitte Januar aus gegebenem Anlass:

„… kurz nach einer mare-Reportage über Fischer am Nordkap erhielt ich den Auftrag für ein Titel-Shooting mit Franz Beckenbauer.
Location war eine üppige Zirbelstube im Stangelwirt bei Kitzbühel. Uns war nicht wirklich bewusst, dass das ganze Equipment nach Fisch roch.
Und als der Kaiser eintritt, rümpft er die Nase und fragt: ‚Woas fischelt's denn hier …!?‘“

Pielow hatte 2005 für mare eine Reportage über den Fang und die Verarbeitung von Schellfisch in Nordnorwegen fotografiert. Mit einer ganz eigenen, mare-typischen Konsequenz exklusiver medialer Berichterstattung. Übrigens werden Sie neuen Bildern Stefan Pielows in unserer kommenden Juniausgabe begegnen. Er hat, gemeinsam mit weiteren Fotografinnen und Fotografen, einen ganz speziellen Ort in Deutschland fotografiert. Mal sehen, mit welchen Folgen diesmal.

Viel Spaß beim Lesen wünscht Ihnen

Nikolaus Gelpke

Inhalt

Reportage: Hongkongs Fähren – Sinnbilder des Epochenwechsels

Politik: Laskarina Bouboulina, die streitbare Ikone Griechenlands

Leben: Begehrt und teuer – die rare Delikatesse aus Neubritannien

Leben: Autobauer auf Insel – Louis Renaults Liebe zum Meer

Titel: KI – wie Maschinelles Lernen die Meeresforschung revolutioniert

Kultur: John E. Williamson – ein Regisseur schaut in die Röhre

Wirtschaft: Nordostpassage – Hoffnung oder Phantasma der Seefahrt?

Titelbild

Die gar nicht so ferne Vision von Walen, die via Schallsonde mit uns Menschen kommunizieren, illustrierte die im englischen East Sussex lebende Künstlerin Sophy Hollington. Sie verwendete hierfür die aufwendige Technik des Farblinolschnitts.

RUBRIKEN

Übrigens: *Ein schöner (Heft-)Rücken kann auch entzücken. Ein Fisch ist ein Fisch ist ein Fisch …*

1 CARTAGENA
Milliarden Euro seien dort zu holen, schätzen Experten. Doch auch wenn das Vorhaben ganz oben auf der politischen Agenda steht, Haushaltslöcher lasssen sich damit wohl keine stopfen.
Seite 124

2 DOMINICA
Ob zwei die gleiche Sprache sprechen, ist oft selbst dann nicht klar, wenn sie aus einem Kulturkreis kommen. Die Frage der Verständigung ist hier allerdings von ganz besonderer Größe.
Seite 56

3 BARENTSSEE
Der Mann hat dort nicht nur seinen Namen, sondern auch sein Leben gelassen. Doch das war erst der Anfang einer Reise über Tausende von Seemeilen, die auch heute noch ins Ungewisse führt.
Seite 104

4 STRANDEBARM
Es passiert nicht oft, dass eine Karriere mit einem Schaukelstuhl beginnt und mit dem Nobelpreis ihren Höhepunkt erlangt. Das Schaukeln der Wellen spielte dabei letztlich eine größere Rolle.
Seite 80

5 NATURPARK AUKRUG
Wussten Sie, dass es den Stör seit 250 Millionen Jahren gibt? Damit er noch mal 250 Millionen schafft (na ja) und der Mensch dennoch seiner Kaviarlust frönen kann, werden die Tiere heute gezüchtet.
Seite 52

6 LIVERPOOL
Dass er in die Röhre schaute, war nicht das Problem, eher die Leichen, die seinen Weg nach Hollywood säumten. Bei Unterwasserfilmen denkt man in seiner Heimat nicht nur deswegen lieber an ein gelbes Unterseeboot.
Seite 90

7 ÎLES CHAUSEY
Das Wort Workaholic gab's noch nicht, aber Monsieur war bestimmt ein drogué du travail. *So baute er in seiner Freizeit eine Festung zu einem Schloss um, zu Château Renault.*
Seite 48

8 SAINT-JEAN-CAP-FERRAT
Man kann sich kein Bild machen, wenn man nur eines gesehen hat. Deswegen soll diese Geschichte nicht nur eine von vielen todtraurigen, sondern vor allem eine Anregung sein.
Seite 86

No. 162 mare Die Schauplätze

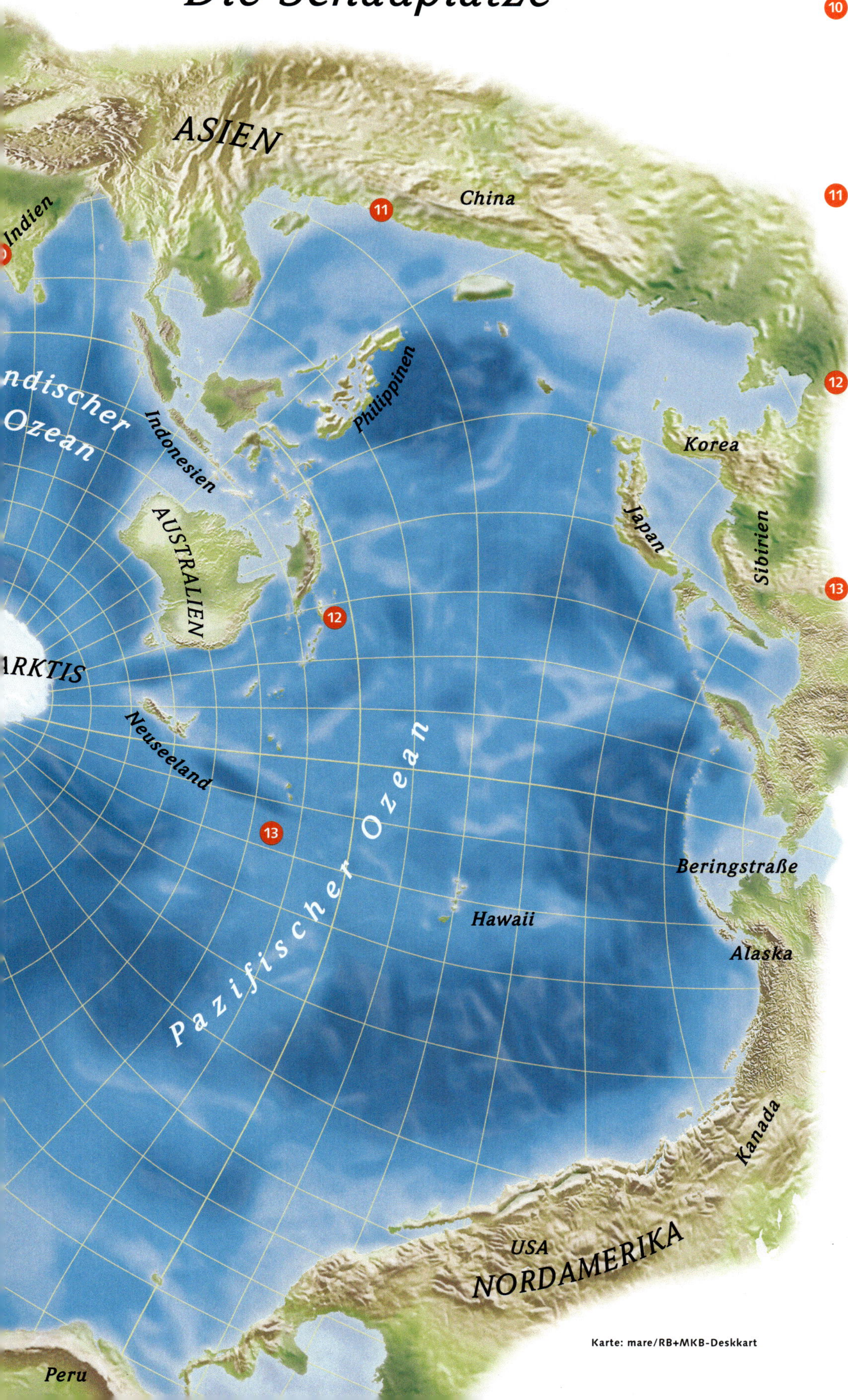

Karte: mare/RB+MKB-Deskkart

9 SPETSES
Mannomänner, zieht euch warm an. Was für ein Weib! Sie kämpfte zu Land und vor allem auf See für die Revolution. Und heute? Gibt es Griechenland – und unzählige Fischerboote mit ihrem Namen.
Seite 34

10 GOA
Wird Zeit, dass jemand ein Drehbuch schreibt über den Spion, der aus der Kneipe kam und mit seinem dort trainierten Spürsinn nicht weniger als den Lauf der Welt veränderte.
Seite 30

11 HONGKONG
Ein alter Stern, charmant, aber vorm Untergang. Dabei lieben alle die Star Ferry. Aber wie kämpfen für ihren Erhalt? In einer Stadt, in der Widerstand nicht mehr möglich ist?
Seite 10

12 MATUPIT
Sie kaufen ihre Eier aus Überzeugung nur vom regionalen Biohof mit Freilandhaltung? Das ist mit Verlaub keine große Leistung, verglichen mit dem, was man am anderen Ende der Welt für ein gutes Frühstück anstellt.
Seite 40

13 COOK ISLANDS
Die Sonne scheint, das Meer strahlt blau, zwei Männer schütteln sich die Hände. Und besiegeln lachend nicht nur eines Volkes Rettung, sondern auch dessen Untergang.
Seite 126

Die mare-Weltkarte

Der Versuch, den Globus auf eine Weltkarte zu projizieren, quasi die Quadratur der Kugel, ist ohne Kompromisse zum Scheitern verurteilt. Und so sind es stets die Meere, die auseinandergerissen und verzerrt dargestellt werden. mare beschreitet mit seiner Weltkarte den umgekehrten Weg: Nach einer Projektion von Athelstan Spilhaus präsentieren wir die Meere und ihre Küsten so, wie sie tatsächlich zusammenhängen.

Das blaue Telefon

Ihre mare-Hotline in die unerforschten Weiten und Tiefen der Meere

Ihre maritimen Fragen können Sie per Telefon (0800/218 218 2, gebührenfrei) oder E-Mail (wat@mare.de) stellen. Diesmal antworteten Ihnen Luis Greiffenhagen, Jana Nitsch und Ulrike Prange von MARUM – Zentrum für Marine Umweltwissenschaften der Universität Bremen.

Wie wird man ROV-Pilotin?

Kati, zwölf Jahre; Frage auf der Forschungsmeile in Bremen

Ein ROV – die Abkürzung für den englischen Begriff „Remotely Operated Vehicle" – ist ein ferngesteuerter Tauchroboter, der von einem Schiff aus an einem langen Kabel ins Wasser hinabgelassen wird. Der Pilot oder die Pilotin, also die Person, die den Tauchroboter steuert, bleibt dabei auf dem Schiff. Ähnlich wie ein Flugzeugpilot muss ein ROV-Pilot erst lernen, wie ein solcher Roboter gesteuert wird. Die Ausbildung kann unterschiedlich lange dauern; es kommt darauf an, wofür der Roboter eingesetzt werden soll. ROVs kommen sowohl in der Meeresforschung als auch in der Industrie zum Einsatz, etwa bei der Kontrolle von Fundamenten von Windkraftanlagen. Ausgestattet sind sie mit Kameras und Greifarmen und werden so zu „Augen und Armen" in der Tiefsee, also in mehreren tausend Meter Tiefe. Forschungsinstitute bilden meist ihre eigenen Meerestechnikerinnen und -techniker aus, die den Roboter dann nicht nur instand halten, sondern auch unter Wasser fliegen, Gesteinsproben nehmen oder die Temperatur an Hydrothermalquellen messen. Wer ROV-Pilot in der Industrie werden möchte, hat die Möglichkeit, Kurse an speziellen Schulen oder Trainingszentren zu absolvieren. In beiden Fällen hilft eine technische Ausbildung vorweg. Die Zusatzausbildung zur ROV-Pilotin kann dennoch mehrere Jahre dauern und findet oft erst mit Simulatoren statt, später auch an echten Tauchrobotern.

Tauchroboter-Piloten werden in Forschungsinstituten, aber auch in speziellen Trainingszentren ausgebildet

In Italien hatte ich erstmals eine schmerzhafte Quallenbegegnung beim Baden. Gibt es hier mehr Quallen als anderswo?

Rune Bremer, per E-Mail

Im Mittelmeer wurde in diesem Jahr eine mittlere Oberflächentemperatur von 28,7 Grad Celsius gemessen – so hohe Temperaturen gab es bislang noch nie. Diese Zahl ist ein Durchschnittswert, an einigen Stellen wurden sogar noch höhere Temperaturen gemessen. Marine Ökosysteme geraten durch solche Temperaturen in Stress, denn viele Organismen reagieren sensibel, wenn sich ihre Umwelt und Umgebung ändert. Quallen aber scheinen gut mit wärmeren Temperaturen klarzukommen, sie seien daher die Gewinner des Klimawandels, sagt Professor Christian Wild von der Universität Bremen. Strömung könne dann zu Massenauftreten führen, etwa in Badebuchten, wenn die oberflächlichen Wasserströmungen die Tiere zusammentreiben. „Hauptursache für die Zunahme der Hitzewellen im Meer sind der globale Klimawandel, der zur Erwärmung der Ozeane führt", sagt Katrin Schroeder vom Istituto di Scienze Marine (Ismar) in Italien. Im Mittelmeerraum gebe es noch zusätzliche regionale Faktoren. Dazu gehören eine geringe Bewölkung, niedrige Windgeschwindigkeiten und geringere Meeresströmungen, die alle die Speicherung und Verstärkung der Hitze in der Region begünstigen. Eine andere Hypothese aus der aktuellen Forschung ist, dass Quallen weniger Futterkonkurrenten und Fressfeinde haben. Thunfisch etwa hat Quallen auf dem Speiseplan, die Fischerei aber verringert den Bestand. Bei illegaler Jagd und als Beifang landen nicht selten Meeresschildkröten in den Netzen, auch sie fressen Quallen.

In wärmer werdenden Meeren wird es zukünftig wohl mehr Quallen geben – sie gehören zu den Profiteuren des Klimawandels

Was sind Korallenhügel?

Peter Neideck, per E-Mail

In einer Tiefe von meist 200 bis 1200 Metern fand man im vergangenen Jahrhundert bei Unterwasserkartierungen seltsame Erhebungen am Meeresgrund. Lange Zeit war nicht eindeutig, woraus diese bis über 300 Meter hohen Hügel bestehen, und man vermutete etwa eine Verbindung mit Gasaustritten in der Tiefsee. Erst im 21. Jahrhundert haben Wissenschaftlerinnen und Wissenschaftler herausgefunden, dass diese Strukturen komplett von Korallen aufgebaut wurden: Kaltwasserkorallenriffe, die dort über Jahrtausende hinweg wachsen und sich auf den vorherigen Generationen ansiedeln, bilden die sogenannten Korallenhügel. Zu den Kaltwasserkorallen – als Gegenstück zu den tropischen Korallen – zählen Arten, die in kaltem und/oder tiefem Wasser vorkommen. Heute weiß man, dass Kaltwasserkorallenhügel bis zu 2,7 Millionen Jahre alt sind und oft noch immer von lebenden Korallen bewohnt werden. Korallen sind nicht mobil, das heißt, sie brauchen einen festen Untergrund. Da sie Korallenkalk ausscheiden und ihre Skelette erhalten bleiben, sind Korallenhügel bedeutende Kohlenstoffsenken; hier wird Kohlenstoff dauerhaft gespeichert. Gleichzeitig gelten Kaltwasserkorallenriffe als Urwälder der Tiefsee, mit einer Artenvielfalt, die vergleichbar ist mit der der bekannteren tropischen Warmwasserkorallenriffe. Durch den Klimawandel ist auch ihre Zukunft ungewiss. Ihre Erforschung hilft zu verstehen, wie eng in diesem Zusammenhang Ozeanografie, Biologie und Geologie miteinander verknüpft sind. So kann man beispielsweise durch das Bestimmen des Alters von einzelnen daraus schließen, zu welchen Umweltbedingungen die Hügel gewachsen sind und wann in der Erdzeitgeschichte keine Korallen überleben konnten. Daraus ergibt sich dann auch, wie diese Tiefseeriffe mit künftigen Klimabedingungen umgehen können.

Korallenhügel in der Tiefsee sind oft mehr als 300 Meter hoch und bis zu 2,7 Millionen Jahre alt. Aber ihre Zukunft ist ungewiss

Move your life.
wagner
@home
Ein Stuhl, der bewegt.

星

天星小輪

DER STERN VON HONGKONG

Sie ist das schwimmende Wahrzeichen der Stadt, und das seit mehr als 100 Jahren: Hongkongs berühmte Star Ferry. Doch die Fähre, die die Insel Hong Kong Island und die Halbinsel Kowloon verbindet und Symbol der Hongkonger Sonderidentität ist, steht heute am Rand des Ruins. Gleichwohl wollen die Einwohner sie nicht untergehen lassen

Text: Justus Krüger Fotos: Palani Mohan

黑色暴雨

Seite 11 **Eine Star Ferry im sogenannten „schwarzen Regensturm" von Hongkong. Wenn im Stadtfernsehen und -radio die Unwetterwarnstufe „Black Rainstorm" verkündet wird, stehen der Metropole Regenfälle mit einer Niederschlagshöhe von mehr als 70 Millimetern je Stunde bevor.**
Linke Seite **Hongkong ist nach einer Studie der Non-Profit-Organisation Council on Tall Buildings and Urban Habitat die Stadt mit den meisten Wolkenkratzern weltweit. Mehr als 500 Gebäude messen mindestens 150 Meter.**
Unten **Noch ist es ruhig. Wochentags sind die Fähren von sieben bis 20 Uhr in Betrieb, auf manchen Routen auch bis 23 Uhr**

ALS ICH ZUM ERSTEN MAL den Weg zur Star Ferry suchte, lag ein merkwürdiger Geruch in der Luft, das Miasma, das subtropische Städte produzieren, als würde Gott eine Hühnerbrühe im Himmel kochen. Dazu mischten sich Abgase und Dieselschwaden von den Baustellen, die damals den Anleger der Star Ferry und den ganzen Küstenstreifen in eine Grube aus Lärm und Dreck verwandelten, in dem ich an endlosen Bauzäunen umherirrte und vergeblich nach Anhaltspunkten suchte. Die Plakate an den Zäunen informierten darüber, dass Hongkong Asiens „World City“ sei und hier eine „World Class Waterfront“ gebaut werde. Immer ein schlechtes Zeichen, dachte ich, wenn eine Stadt sich selbst als Weltstadt tituliert. Ich war damals skeptisch, was Hongkong betrifft, wahrscheinlich, weil ich nicht ganz freiwillig dorthin gezogen war. Das war Ende 2005. Ich kam aus Peking, erwartete, bald wieder zurückzuziehen – so kann man sich irren –, und hatte eine Perspektive auf Hongkong wie eine Fliege, die an einer Fensterscheibe klebt.

Nicht erst die schreckliche Baustelle an der Star Ferry, sondern die ganze Stadt kam mir irgendwie verkehrt vor. Das fing schon bei der räumlichen Orientierung an: alles vertikal – hohe, schlanke Häuser und schmale Straßen statt der horizontalen Orientierung sowjetischen Typs, wie man sie in Peking fand.

Vor allen Dingen machte mich die labyrinthische Verschachtelung Hongkongs verrückt: Wohin man auch blickt, die Stadtlandschaft reiht sich in Schichten hinter Schichten hinter Schichten, zwischen die sich weitere Schichten von Häusern, Eingängen, Straßen, Gassen, Plakaten und Neonlichtern schieben. Und natürlich überall: Menschen, Menschen, Menschen. Egal, wo man hinschaut, der Eindruck verwirbelt sich jedes Mal, man hat immer das Gefühl, das meiste nicht gesehen zu haben.

Das ist genug, um einen Fremdling wie mich, noch dazu aus einer kleinen Hafenstadt wie Hamburg, zu entnerven, und es dauerte eine ganze Weile, bis ich begann, anfangs ohne es recht zu merken, in die Hongkonger Verschachtelungen einzutreten. Da war zum Beispiel die kleine Buchhandlung, die eine Wohnung irgendwo im siebten Stock bezogen hatte, weil die Miete in den Ladengeschäften im Erdgeschoss viel zu hoch war. Der Besitzer wurde später von Pekinger Schergen entführt, weil seine Bücher der KP unangenehm waren.

Zu den verborgenen Räumen, in die ich nur mehr oder weniger zufällig fand, gehörte auch das Büro eines Feng-Shui-Meisters, den ich über die schreckliche Baustelle an der Star Ferry interviewen wollte. Der Feng-Shui-Mann verblüffte mich, denn er war wie ein Geschäftsmann, der keinen Unsinn duldet, ein prosaischer Zauberer in einem behördenartigen Büro, der kürzlich mit großem, aber irgendwie hilflosem Ernst einen Brief an die Hongkonger Stadtregierung geschrieben hatte, um sie davor zu warnen, dass die Baustelle an der Star Ferry das gute Feng-Shui der Stadt beschädigen und womöglich sogar zerstören würde.

Die Form der Küste, sagte er, sei nämlich der springende Punkt. Die Art, wie die Küste das Wasser hält und es verwirbelt, wenn es durch den Victoria Harbour fließt, dies sei der tiefere Grund dafür, dass der Stadt in der Vergangenheit alles gelungen ist.

Tatsächlich ist der Victoria Harbour, dessen Überquerung der Sinn der Star Ferry ist, das eigentliche Zentrum Hongkongs. Der Hafen ist ein natürlicher Kanal zwischen Hong Kong Island in seinem Süden, wo auf einem schmalen Streifen zwischen Bergen und Küste etwa so viele Menschen leben wie in München, und der Halbinsel Kowloon in seinem Norden, die auf sehr engem Raum etwas mehr Einwohner beherbergt als Hamburg. Nördlich von Kowloon, weiter ins Inland hinein, schließen die New Territories an, der Einwohnerzahl nach etwa so groß wie Berlin und Köln zusammengenommen, aber diese Gegend erwähnte der Feng-Shui-Meister nicht, denn das Herz der Sache, die Nabe des Rads, eine Leerstelle, um die sich dennoch alles dreht, das ist der Victoria Harbour, das Wasser zwischen Hong Kong Island und Kowloon.

Hier nun griff die Stadtregierung ein, um die unregelmäßig gezackte Küste zu begradigen und neues Bauland zu gewinnen für vielspurige Autobahnen, Tunnel, ein Kongresszentrum, eine Shoppingmall von den Ausmaßen eines ganzen Stadtviertels, dazu Regierungsgebäude, die aussehen wie feindliche Raumschiffe – alles auf neu aufgeschüttetem Land in den Victoria Harbour hineingebaut. Man könnte ja den Hafen auch einfach ganz zuschütten, dann wäre das Problem mit dem Bauland ein für allemal gelöst, ging mir durch den Kopf, als ich von den rabiaten Maßnahmen hörte, aber mit diesem Scherz wollte ich dem Mann nicht kommen, dafür war ihm die Sache zu ernst.

Der Feng-Shui-Meister breitete in seinem Büro einige Zeichnungen aus, mit denen er demonstrierte, dass Hongkongs günstiges Feng-Shui nun also an der begradigten Küste einfach vorbeifließen würde, statt sich wie früher in ihren Buchten zu verfangen und in der Stadt zu bleiben. Dies sei auch der Grund, sagte er, für den Aufstieg Shanghais und den Bedeutungsverlust Hongkongs gegenüber China. Sollte noch weiter gebaut werden, sagte er, so befürchte er das Schlimmste für die Stadt.

Dies war eine weit ausgreifende Sorge, und die Star Ferry war eines ihrer Elemente, das eine, das mit einem Namen, den jeder kennt, hervorstach. Zum Programm der Küstenbegradigung und Landgewinnung gehörte nämlich, das Fährhaus, ein sachliches Gebäude aus den 1950er-Jahren, abzureißen und es an anderer Stelle als pseudohistorisches Disneyschlösschen neu zu errichten. Man wollte also den Ankerpunkt der Verbindung zwischen den beiden Herzkammern der Stadt verschieben. Damals war noch nicht abzusehen, dass die Stadt knapp eine Generation später taumeln würde. Aber etwas begann in der Luft zu liegen.

Eines der Zeichen, die erst im Rückblick bedeutsam erscheinen, waren die seltsamen Proteste, die 2006 beim Abriss des alten Fährhauses der Star Ferry entbrannten. Die schreckliche Baustelle, die damals die Gegend um den Pier transformierte, stank und lärmte noch vor sich hin, als mir auf einer Fußgängerbrücke, die über das Unheil hinwegführte, ein junger Mann auffiel, der in einem Kostüm aus großen Schaumstoffquadern steckte. Er legte eine überspannte Performance hin, halb wilder Tanz, halb anklagender Sprechgesang, die Stimme ein schnei-

山頂公園

Seite 16/17 **Blick auf Hongkongs Inselwelt vom Victoria Peak Garden. In dieser im viktorianischen Stil errichteten Gartenanlage befand sich einst die Mountain Lodge, die Sommerresidenz des Gouverneurs von Hongkong. Inzwischen wurde das Gebäude abgerissen. Heute ist der Park beliebt bei Hochzeitspaaren, die hier für ihre Fotos posieren**

dendes Alt, das kaum durch den Lärm der Presslufthämmer und Bohrmaschinen drang. Ich verstand kein Wort und wusste gar nicht, was der Mann meinte, bis jemand mir erklärte, der Tänzer sei als Star Ferry verkleidet, genauer gesagt, als Fährhaus der Star Ferry, das nun abgerissen werden sollte, und er lade zu einer Mahnwache am Fähranleger ein.

Um aber am Anfang anzufangen: Die Star Ferry stammt aus der heroischen Phase Hongkongs, aus der Zeit der sonderbaren Helden, die nur zufällig auftauchen können, wenn das Kaleidoskop der menschlichen Angelegenheiten einmal ein Muster hervorbringt, in dem alles genau zusammenpasst. Ein solcher sonderbarer Held war Dorabjee Naorojee Mithaiwala, der Gründer der Star Ferry. 1852 versteckte sich der junge Mann, ein indischer Parse, auf einem Schiff, das von Bombay nach Hongkong segelte. Mithaiwala wurde, bald nachdem das Schiff Indien verlassen hatte, aufgegriffen, aber der portugiesische Kapitän warf ihn nicht am nächsten Hafen von Bord, sondern ließ ihn in der Küche arbeiten. Genaueres ist über den weiteren Verlauf der Reise und Mithaiwalas Arbeit in der Bordküche nicht bekannt, aber als er in Hongkong von Bord ging, hatte er genug Geld bei sich und fühlte sich dazu befähigt, eine Bäckerei zu eröffnen.

Das klingt so gar nicht heroisch, aber Mithaiwala traf damit, ohne es noch wissen zu können, genau ins Schwarze der Ereignisse. Als sich in den 1850er-Jahren der Zweite Opiumkrieg zusammenbraute, gab es in Hongkong neben Mithaiwalas Bäckerei nur eine weitere, nämlich die Sing-E-Bäckerei, die einem gewissen Cheong Ah Lum gehörte, der nicht nur die europäischen Haushalte in der Stadt versorgte, sondern auch die britischen Truppen in der Kolonie.

Am Morgen des 15. Januar 1857 flog auf, dass Cheong den Ausländern einschließlich der Navy mit Arsen vergiftetes Brot geliefert hatte. Später zeigte sich, dass sich nicht sicher feststellen ließ, ob es ein Unfall war oder ein Anschlag, aber im Januar 1857 schien klar, dass Cheong die Briten aus patriotischen Gründen hatte vergiften wollen, um im eben ausgebrochenen Zweiten Opiumkrieg die gesamte Kolonialbesatzung mit einem Schlag außer Gefecht zu setzen. Als Lieferant für die Briten kam er jedenfalls nicht mehr infrage, und damit zog der parsische blinde Passagier Dorabjee Naorojee Mithaiwala, Inhaber der einzigen verbleibenden Bäckerei in der Stadt, das große Los.

Dieses Geschäft brachte ihm so viel Geld ein, dass er bald ein Luxushotel auf Hong Kong Island betrieb und die Mittel besaß, einige Jahre später die Star Ferry zu gründen, ein Unterfangen, das durch den Zweiten Opiumkrieg überhaupt erst einen Sinn bekam. Denn bis dahin hatte nur Hong Kong Island zur britischen Kolonie gehört, die Halbinsel Kowloon dagegen war zumindest nominell unter chinesischer Verwaltung gewesen, und erst jetzt, nachdem England sich auch Kowloon einverleibt hatte, stellte sich überhaupt das Problem, wie der Victoria Harbour zu überbrücken und die beiden Teile der Stadt miteinander zu verbinden seien.

Den einen Stadtteil gab es schon, Hong Kong Island; der andere, Kowloon, musste erst noch städtisch werden. In welchem Tempo das geschehen konnte, das hatte sich auf Hong Kong Island bereits gezeigt. Als die Briten sich dort 1841 im Ersten Opiumkrieg etablierten, hatte die Insel rund 6000 Einwohner, hauptsächlich Köhler und Fischer, aber im Lauf von nur 20 Jahren wuchs ihre Anzahl um das 20-Fache auf gut 120 000 Menschen: Briten, Inder, Geschäftsleute aus Guangzhou und vor allem eine große Zahl chinesischer Arbeiter und Flüchtlinge, die in der Kolonie Schutz suchten vor dem chinesischen Bürgerkrieg, der Taiping-Rebellion, die eine Katastrophe von der Art des Dreißigjährigen Kriegs war, nur eben in chinesischer Größenordnung. Es liegt auf der Hand, dass dies eine chaotische Situation in Hongkong gewesen sein muss. Sogar die Hongkonger Polizei bezeichnete in einem internen Bericht ihre eigene Truppe als „unorganisiert" und „chaotisch", mit einem Personal, das überwiegend aus „verdächtigen Personen europäischer, indischer und chinesischer Herkunft" bestand.

Nicht nur die öffentliche Ordnung, auch die Verbindung zwischen Hong Kong Island und Kowloon war zunächst eine Sache der Improvisation. Es gab nur unregelmäßige Überfahrten auf *walla-wallas*, kleinen Wassertaxis, die ad hoc zu mieten waren. Aber ab Anfang der 1870er-Jahre zeichnete sich ab, dass Kowloon sich so entwickeln würde wie zuvor Hong Kong Island.

Einer der Ersten, die das erkannten, war ein Bekannter des blinden Passagiers Mithaiwala: Sir Hormusjee Naorojee Mody, Mitbegründer der Hong Kong University, des berühmten Hong Kong Jockey Club und des Kowloon Cricket Club. Mody, ein Parse wie Mithaiwala, stammte ebenfalls aus Bombay und wurde einer der größten Immobilienentwickler in Hongkong. Damit seine Pläne in Kowloon Erfolg haben konnten, brauchte er eine

Lesen Sie bitte weiter auf Seite 20

香港的海島世界

地
下
室

Linke Seite **Hinterlassenschaft: vergessener Schirm auf einem Sitzplatz. Die meisten Hongkonger bevorzugen das Untergeschoss der Fähre und überlassen die obere Etage den Touristen, die den Hafen bestaunen.**
Oben **Große passiert Kleine Fahrt: Ein Containerschiff fährt an der Stadtfähre vorbei. Für die Reise von Hongkong nach Hamburg braucht ein Frachtschiff ungefähr fünf bis sechs Wochen**

貨櫃港口

Seite 22/23 **Hongkong landet regelmäßig in den Top Ten der größten Containerhäfen der Welt. Die Platzierung richtet sich nach dem Umschlagvolumen in Containern, und da lag Hongkong 2022 mit rund 17 Millionen umgeschlagenen 20-Fuß-Standardcontainern (TEU) auf Platz acht**

gute Verkehrsverbindung, die die Überfahrt von Hong Kong Island leicht machte. Gleichzeitig garantierten seine Pläne, dass eine Fähre ein gutes Geschäft sein würde. Falls in Kowloon die Bevölkerung in einem vergleichbaren Tempo wie auf Hong Kong Island wachsen sollte, dann würde es ganz sicher genug Nachfrage nach einer Fähre geben.

Darum kaufte Mithaiwala, der vormalige blinde Passagier, Bäcker und Hotelier, ein Dampfschiff und taufte es „Morning Star". Bald folgten die „Evening Star", „Guiding Star" und „Rising Star", später auch die „Electric Star". Seitdem ist jedes Boot nach einem Stern benannt. Der Grund ist, wie es heißt, dass Mithaiwala ein Gedicht von Alfred Lord Tennyson mochte: „Crossing the Bar" (Beim Überqueren der Sandbank), vor allem die ersten Zeilen:

„Sunset and evening star, / And one clear call for me! / And may there be no moaning of the bar, / When I put out to sea."

1888 registrierte Mithaiwala die Firma förmlich, zuerst unter dem Namen Kowloon Ferry Company. 1898, kurz bevor er sie verkaufte und zurück nach Indien zog, benannte er sie um. Seitdem heißt sie Star Ferry.

Maithaiwala, der Bäcker, und Mody, der Immobilienentwickler, hatten die richtige Wette gemacht. Hongkong, nun einschließlich Kowloons, wuchs weiter, bis 1914 auf 530 000 Einwohner, zwei Jahre später auf rund 720 000 und bis 1941 auf 1,6 Millionen. Nur im Zweiten Weltkrieg fiel die Einwohnerzahl der Stadt, und sie fiel so schnell, wie sie vorher gewachsen war. 1945 waren kaum mehr als 500 000 Menschen in Hongkong, nur knapp ein Drittel der Anzahl direkt vor Beginn der japanischen Besatzung. Aber nur fünf Jahre nach Kriegsende war die Bevölkerung mit 2,2 Millionen um fast 50 Prozent zahlreicher als vor dem Krieg, 1960 waren es über drei, weitere zehn Jahre später vier Millionen Menschen. Heute sind es rund 7,5 Millionen. Die Neuen kamen aus China, wo sie vor einer mörderischen Landreform, Enteignungen, Diktatur, Hungersnot und Kulturrevolution in die britische Kolonie flohen. Eigentlich ein Wunder, dass die Stadt damals nicht unrettbar im Chaos versank, aber es gelang, Hongkonger Bauernland im großen Stil in neue Siedlungen umzuwandeln, und die Neuen, die die Zahl der Alteingesessenen schon bald weit übertrafen, schafften es, so mit der Stadt zu prosperieren, dass Hongkong seit den 1970er-Jahren aufhörte, so etwas wie ein Entwicklungsland zu sein.

In jenen beiden Jahrzehnten, als Hongkong zu seiner heutigen Form zu finden begann, erlebten auch die Fähren in der Stadt ihr goldenes Zeitalter. Zum Teil einfach als Notlösung, denn bei einem Bevölkerungswachstum von 1,5 auf 4,5 Millionen in rund 25 Jahren fehlte es der Infrastruktur an fast allem, und Fährverbindungen sind in einer auf Inseln und Halbinseln verteilten Stadt wie Hongkong leichter zu machen als Straßen, Trams und Eisenbahnen. Nicht nur an der Star Ferry, auch an den Anlegern Dutzender anderer Fähren, die selbst in kleine Dörfer auf entlegenen Inseln fuhren, tummelten sich die Leute. An der Pier der Insel Cheung Chau drängelten sich Bauern auf dem Weg zum Markt zwischen Imbissbuden hindurch, und manche Fähranleger waren auch Märkte für Fisch und Meeresfrüchte, die man von den Fischern kaufen konnte, die dort anlegten. Alle paar Minuten setzten Busse ihre Passagiere an den Fähranlegern Richtung Mong Kok, Tsim Sha Tsui und Central ab, und jeden Morgen brachten die *walla-wallas* frisch gedruckte Zeitungen von der Uferpromenade in Central nach Kowloon.

Das änderte sich 1972 mit der Eröffnung des Autotunnels zwischen Hong Kong Island und Kowloon. Mehr noch, die großen Landgewinnungsprojekte, zuletzt seit den 1990ern, verbarrikadierten die einst am Meer gelegenen Stadtteile hinter neu aufgeschüttetem Land, Wohnblocks, Autobahnen und Labyrinthen von Überführungen, und auch die Star Ferry zog um. Ihr altes Fährhaus an der Ice House Street ist heute so weit vom Wasser entfernt, dass man nicht auf den Gedanken kommt, dass dort einmal eine Fähre angelegt haben könnte. Die neue Pier war ab 1957 am Rathaus in Central.

Die Star Ferry wurde als Verkehrsmittel unwichtiger, vor allem, seit 1989 der erste U-Bahn-Tunnel den Betrieb aufnahm, der Hong Kong Island und Kowloon verbindet, und Hongkong wurde immer weniger maritim, das Meer im Alltag der meisten Bürger immer weniger präsent. Als es amtlich wurde, dass der Fähranleger der Star Ferry ein weiteres Mal umziehen sollte, gab es darum eigentlich keinen Grund, zu erwarten, dass sich irgendjemand darüber aufregen würde. Es war schließlich nicht das erste Mal, dass die Pier an neuer Stelle in anderer Gestalt neu errichtet werden sollte, und auch Denkmalschutz war bis dahin in Hongkong nie ein Thema gewesen, man hatte schon ganz andere Gebäude abgerissen, und aus schlechteren Gründen. Im Grunde war die Sache also nichts Besonderes – nur, dass sie der Tropfen war, der das Fass zum Überlaufen brachte.

Zur Überraschung aller entzündete sich an den Star-Ferry-Plänen ein leidenschaftlicher Streit, und plötzlich waren die Gegner der Pläne, hauptsächlich Leute aus dem Umfeld der Universitäten, und ihre Aktionen inmitten der schrecklichen Baustelle an der Star Ferry das Stadtgespräch. Sie ketteten sich am alten Fähranleger fest, einige traten sogar in den Hungerstreik. Es gab Mahnwachen, Demonstrationen, Performances, erbitterte Wortgefechte mit der Polizei und endlose Debatten zwischen Bauarbeitern und den Demonstranten, die die Arbeiter von ihrer Sache zu überzeugen hofften. Es gab auch Gerichtsverfahren, die die ganze Angelegenheit in die Länge zogen, sodass die Star Ferry über Monate hinweg ein Thema blieb. Der Eindruck, der sich damals bei mir am stärksten festsetzte, war der von der Hartnäckigkeit und Unnachgiebigkeit der Demonstranten, die zwar meist höflich blieben, aber nicht dazu bereit waren, sich ihre Sache ausreden oder verwässern zu lassen.

Dies war der erste Auftritt des später in Hongkong so genannten Lokalismus. Dabei handelt es sich um eine Art Patriotismus ohne Nation und später sogar gegen die Nation, die Anspruch auf Hongkong erhebt, nämlich gegen China, von dem sich immer mehr Hongkonger in ihrer Identität bedroht fühlten.

Dieser Lokalismus gelangte erst während der Demokratiebewegungen von 2014 und 2019 zu seiner vollen Blüte, aber das Beharren auf einer Hongkonger Sonderidentität, das Festhalten an ihren Symbolen, die explosive Wut und laute Trauer, wenn diese Identität bedroht war oder es zu sein schien – dies alles entzündete sich zum ersten Mal deutlich sichtbar an den Star-Ferry-Protesten 2006.

Damals versammelten sich zwar nur ein paar hundert Leute, und sie konnten den Abriss des alten Gebäudes nicht verhindern. Aber nach Jahrzehnten der halsbrecherischen, zum Teil unumgänglichen, häufig rücksichtslosen Stadtentwicklung, die so weit ging, dass viele Hongkonger sich die Augen rieben, als sie die Nachbarschaften ihrer Kindheit und Jugend einfach verschwinden sahen, waren die Demos beim Abriss des alten Fährhauses die ersten Funken, die von der Lunte des Hongkonger Lokalismus sprühten, bis die Bombe 2019 schließlich hochging.

In der politischen Friedhofsruhe, die heute in Hongkong herrscht, ist kaum zu glauben, dass während der Proteste bei einer der ersten Demos eine Million Bürger auf die Straße gingen, wenige Wochen später sogar zwei Millionen – und das bei einer Gesamtbevölkerung von gut sieben Millionen, einschließlich Kleinkinder und Greise.

Als die monatelange Phase der Demos und Straßenschlachten begann, bemerkte ich das zum ersten Mal auf dem Weg zur Fähre, auf dem Nachhauseweg (ich wohne auf einer der Outlying Islands). Es klingt sonderbar, aber ich hatte damals nicht mitbekommen, dass sich etwas Großes zusammenbraute – private Angelegenheiten hatten meine ganze Aufmerksamkeit in Anspruch genommen –, und so war ich vermutlich der einzige Mensch in ganz Hongkong, der sich fragte, warum sich wohl plötzlich Tausende und Abertausende junge Leute am Victoria Harbour versammelten. Ich spazierte einigen von ihnen hinterher, an den Fähranlegern Richtung Outlying Islands vorbei Richtung Star Ferry und weiter zum Park an den Regierungsgebäuden, die aussehen, als hätte eine fremde Besatzungsmacht, womöglich beheimatet auf einem dunklen Stern, sie zur Unterjochung der Einheimischen errichtet – und das alles auf dem neu aufgeschütteten Bauland, das dem Feng-Shui-Meister knapp 15 Jahre zuvor solche Sorgen gemacht hatte, weil es das Glück der Stadt zerstören würde.

Zu meiner Verblüffung trugen viele derjenigen, die sich dort versammelt hatten, wo früher die schreckliche Baustelle gewesen war, Bauhelme, und mit einiger Regelmäßigkeit sah ich junge Männer, die Pappkartons voll Frischhaltefolie, Schutzbrillen und Kabelbinder schleppten – eine sonderbare Kombination von Objekten, auf die ich mir keinen Reim machen konnte. Später erfuhr ich, dass die Kabelbinder dazu dienen sollten, erbeutete Polizeiabsperrungen neu zusammenzusetzen, um sie gegen die Polizei zu benutzen, während Schutzbrillen und Frischhaltefolie gegen das Tränengas helfen sollten. Man wickelte sich die Folie um die Unterarme, damit das Gas nicht an die Haut gelangt.

Eine ununterbrochene Kette von kleineren Demos, dazwischen immer wieder riesige Massenkundgebungen, bei denen immer öfter Tränengas, später auch Molotowcocktails und einmal sogar Kugeln flogen, ließ die Stadt nicht zur Ruhe kommen. Es gab praktisch kein anderes Gesprächsthema mehr.

Manchmal schwappten die Straßenkämpfe in die U-Bahn-Stationen hinein, so zum Beispiel, als ich eines Morgens meine Tochter zur Schule brachte und wir, noch in der U-Bahn, Nachricht erhielten, dass der Ausgang der Station an ihrer Grundschule in Flammen stand. Wir stiegen an der nächsten Haltestelle aus und nahmen die Bahn zurück Richtung Innenstadt, als die Sekretärin aus meinem Büro anrief und mir riet, nicht zur Arbeit zu kommen – vor der Tür tobe eine Straßenschlacht, und ganz in der Nähe sei ein Schuss gefallen.

Abends navigierten elegant gekleidete Mitarbeiter der Banken und Kanzleien im Stadtteil Central zwischen Polizeiabsperrungen und zerstörten Rabatten am Straßenrand hindurch, während schwarz Vermummte und amtliche Knüppelgarden in Stellung gingen. Ich begann zu fürchten, dass die Stadt in Weimarer Verhältnisse abrutschen würde. Einmal schaltete sich sogar die Hongkonger Mafia ein und fiel, mit Knüppeln bewaffnet, in größeren Gruppen über Demonstranten her. Schließlich belagerte die Polizei wochenlang Hongkonger Universitäten, in denen sich mit Benzinbomben bewaffnete Studenten verschanzt hatten. Man lieferte sich Kämpfe, bei denen ganze Fußgängerbrücken in Flammen standen. Das einzige Verkehrsmittel, das zuverlässig funktionierte, war die Star Ferry, die unbeirrt im selben Takt wie immer den Victoria Harbour überquerte.

Seit der ungefähr gleichzeitigen Ankunft von Covid und chinesischen Repressionsmaßnahmen ist die politische Aktivität in Hongkong tot. Die Geschäfte und die Geschäftigkeit gehen mehr oder weniger wie immer, zumindest dem Augenschein nach, aber die Obrigkeit hat

Lesen Sie bitte weiter auf Seite 26

中國南海

維多利亞女王

Linke Seite **Die Fähre von Lamma Island unterwegs zum Victoria Harbour. Mit der Namensgebung ehrten die Briten ihre Königin Victoria. Der Hafen ist so tief, verfügt über so breite Wasserstraßen und liegt obendrein im Südchinesischen Meer strategisch so günstig, dass Großbritannien Hongkong 1843 zu seiner Kronkolonie machte.**

Unten **Im Stadtnamen spiegelt sich Geschichte: „Hongkong" leitet sich aus dem Kantonesischen ab und bedeutet so viel wie „duftender Hafen", denn hier wurde früher wohlriechendes Adlerholz verschifft. Daraus gewann man dann ätherisches Oud-Öl. Heute duftet der Hafen nicht mehr, sondern riecht nach Smog**

Die Karte zeigt das Herz Hongkongs, Kowloon und Hong Kong Island, mit dem Victoria Harbour dazwischen

mehr als genug Exempel statuiert, sodass jeder weiß, wie weit man gehen kann und an welcher Stelle Schluss zu sein hat – nämlich an dem Punkt, wo eine Meinungsäußerung, so harmlos sie auch sei, beginnt, öffentlich zu werden.

So lange unklar ist, wie das weitergehen und wo es hinführen könnte, befindet sich die Stadt in einem Schwebezustand, und es ist gut möglich, dass sie sich in diesem Schwebezustand auf Dauer einrichten wird. Es ist sogar möglich, dass Hongkong von der fortschreitenden Restalinisierung Chinas profitieren könnte, denn bis sich die Rückkehr der schlechten alten Zeit in China abzuzeichnen begann, gab es immer weniger Gründe dafür, warum man eigentlich nach Hongkong gehen soll, wenn man ebenso gut nach Shanghai ziehen kann. Aber in dem Maß, wie China wieder autoritärer, übergriffiger und unberechenbarer wird, während in Hongkong zumindest in unpolitischen Fällen die Rechtssicherheit gewahrt bleibt, gewinnt die Stadt ihre Raison d'Être zurück, als die Oase vor dem Tor der Festung.

Auch die Zukunft der Star Ferry hängt in der Schwebe, aber es ist gewiss, dass sie ihre ursprüngliche Aufgabe nicht zurückerhalten wird, denn als Verkehrsmittel spielt sie schon seit Längerem keine Rolle, und für den Tourismus kam sie in den letzten Jahren auch nicht in Betracht, weil es keinen Tourismus mehr gab. Hongkong betreibt die zweitverrückteste Covidpolitik der Welt und ließ jahrelang niemanden hinein; das einzige Land, das noch restriktiver ist, das ist das Land, aus dem die meisten Touristen zu kommen pflegten, also China. Die Kombination aus politischen Unruhen, Corona und den unmäßigen Reaktionen darauf hat dazu geführt, dass die Star Ferry in geschäftlicher Hinsicht völlig unhaltbar geworden ist und bei Weitem ihre Kosten nicht decken kann.

Noch vor einigen Jahrzehnten hätte man ihren Betrieb vermutlich einfach eingestellt. Aber in den letzten 20 Jahren hat man in Hongkong immer gründlicher und auch in den Einzelheiten damit aufgehört, ein Entwicklungsland zu sein, in dem man zum Beispiel für solche Exzentrizitäten wie Denkmalschutz keine Zeit hat. Stattdessen hat man damit begonnen, sich hier und da zu musealisieren, nicht annähernd in dem Maß wie in Europa, aber dennoch punktuell erkennbar.

Dazu kommt, dass sich in den Jahrzehnten, in denen man chinesische Übergriffe zuerst fürchtete und sie dann tatsächlich erlebte, der Sinn für die Hongkonger Sonderidentität und ihre Symbole deutlicher herausgebildet hat als je zuvor, und darum erscheint es fast unvorstellbar, dass die Star Ferry den Betrieb einstellen sollte, bloß, weil man sie aus praktischen Gründen nicht mehr braucht – Paris braucht ja auch keinen Eiffelturm.

Als sich im Lauf des vergangenen Jahres die Nachrichten über die finanziellen Schwierigkeiten der Star Ferry mehrten und es auf einmal zum Thema wurde, ob sie vielleicht tatsächlich geschlossen werden würde, da war meine erste, ganz unreflektierte Reaktion der Gedanke, dass mich das mehr schockieren würde als alles, was hier im Lauf der letzten Jahre sonst passiert ist – als würde man der Stadt das Herz herausreißen. Das lässt sich so nicht rechtfertigen, denn in Hongkong sind wirklich schlimme Dinge geschehen, aber das Entsetzen ob dieser Idee ist dennoch gültig.

Inzwischen bin ich mir fast sicher, dass die Star Ferry so bald nicht aufhören wird, den Victoria Harbour zu überqueren, so wie ja auch die Hongkonger Identität nicht einfach verblassen wird. Selbst auf einem Planeten wie dem unseren, der mit rasender Geschwindigkeit seiner sicheren Vernichtung entgegentaumelt, müsste so viel poetische Gerechtigkeit dann doch zu erwarten sein. Oder besser gesagt: Wir wissen zwar, dass sie nicht zu erwarten ist, aber wir erwarten sie trotzdem.

Justus Krüger, Jahrgang 1974, hat in Hamburg und Peking Sinologie studiert. Er lebt seit 2005 in Hongkong und schreibt über Ost- und Südostasien. Palani Mohan, Jahrgang 1967, in Madras, Indien, geboren und in Australien aufgewachsen, lebt heute als freier Fotograf in Hongkong und arbeitet für verschiedene internationale Medien. Seine besondere Leidenschaft gilt Fotobüchern. So fotografiert er den kommenden mare-Bildband „Hongkong", der im Herbst 2024 erscheinen wird.

Sand und Sinnlichkeit

Fundstücke aus Kunst und Literatur

Im warmen Sand liegen, träumen, lieben, fantasieren ist ein Topos in Literatur und Kunst. Die Britin Sara Berman (geboren 1976) ist Modedesignerin und Malerin. Schon der Titel ihres Bilds „Beach Bootie(s)" ist voller Anspielung, auf das Sehnen der Person, die da im Sand liegt, auf Stiefel oder einen Hintern. So oder so ist es ein Bild voller Wärme und Lust, ebenso wie im Gedicht des niederländischen Performers Serge van Duijnhoven (geboren 1970) aus dem Jahr 2001, in dem das lyrische Ich eine ewige Liebe heraufbeschwört, ahnend, dass nur die Küsse im Sand in Erinnerung bleiben werden. Auch die Weltliteratur kennt das Thema: Thomas Mann (1875–1955) lässt Gustav von Aschenbach den Knaben Tadzio betrachten, wie er durch den Sand geht, wissend, dass die Schönheit des jungen Körpers ihm keine Ruhe mehr lassen wird. Das Begehren ist schon vielen zum Verhängnis geworden. *zdb*

Serge van Duijnhoven

Bei einem schlafenden Körper

Ich will, dass du meine Absichten ergründest
ich will, dass du den Preis der Sehnsucht kennenlernst
den Maßstab der Dinge, ich will, dass du verstehst
warum das Irdische zu hoch bewertet wird

ich will dich sagen hören:
„alles ist nur gut, um zu gewinnen
alles ist Taktik; wir spielen
alle nur"

ich will, dass man unser Geheimnis hüten wird
dass wir einander lautlos folgen wie die Jäger
ich will, dass wir bereit sind zum Einsatz unserer Seelen (unbedacht)
so wie man eine Münze einwirft im Glücksspielautomaten

ich will die Zeit zurück, in der ich schlau wurde aus meinen Träumen
ich will die Zeichen zurück, die ich hinterließ auf deiner Haut
ich will dich fühlen können mit den Augen in der Dunkelheit
mit Fingernägeln (Netzhaut) spüren, wo du gewesen bist

ich will, dass deine Hände mich in kühle Laken wickeln
ich will sehen, ob deine Seite anders ist als meine
ich will, dass du zum Ende hin noch stärker wirst
ich will dich denken lassen, du gewinnst

ich will, dass du dich wie ein Findelkind fühlst ohne mich
ein Einzelgänger in der Leere, ich will dich bibbern sehen
vor Kälte. Ich will dich schwitzend, warm gerieben
ich will dich tollwütig, flehend vor Reue

ich will, dass du meine Gedanken lesen kannst
ich will, dass du mein Herz berührst
an der verhängnisvollen Stelle. Es interessiert mich nicht
wer der Grund ist für die Wunden. Es interessiert mich nicht

wie viele es davon gibt. Ich will nur wichtig nehmen
was mich beherrscht. Ich will an einem wunderschönen Ort sein
wenn ich sterbe. Ich will ertrinken können im Roten Meer
mich verwunden an einer giftigen Koralle, Strandgut sein

an einem strahlend weißen Strand, mit deinem Nachgeschmack
auf meinen Lippen. Ich will dich nicht zerstören
ich wüsste gar nicht, wie. Wenn ich doch sagen könnte:
ich werde dich vergessen. Wenn ich doch sagen könnte:

ich lasse dich in Ruhe
aber Lügen liegt mir nicht
ich denke immer an dich, wirklich wahr
für immer werde ich an dich denken

Aus dem Holländischen von Ulrike Schwabe

Thomas Mann

Aus: Der Tod in Venedig

„Ich will also bleiben", dachte Aschenbach. Wo wäre es besser? Und die Hände im Schoß gefaltet, ließ er seine Augen sich in den Weiten des Meeres verlieren, seinen Blick entgleiten, verschwimmen, sich brechen im eintönigen Dunst der Raumeswüste. [...] Wie er nun aber so tief ins Leere träumte, ward plötzlich die Horizontale des Ufersaumes von einer menschlichen Gestalt überschnitten, und als er seinen Blick aus dem Unbegrenzten einholte und sammelte, da war es der schöne Knabe, der von links kommend vor ihm im Sande vorüberging. Er ging barfuß, zum Waten bereit, die schlanken Beine bis über die Knie entblößt, langsam, aber so leicht und stolz, als sei er ohne Schuhwerk sich zu bewegen ganz gewöhnt, und schaute sich nach den quer stehenden Hütten um.

Sara Berman

„Beach Bootie(s)“, 2023,

Öl auf Leinwand, 150 mal 130 Zentimeter, im Besitz der Künstlerin

Ein Spion verändert die Welt

Ein junger Kaufmann schmuggelte 1589 Geheimwissen über Portugals Indienflotte in seine niederländische Heimat. Seine Informationen verschoben die Machtverhältnisse auf den Ozeanen

Von Stefan Nink

Dieses mal waren es also sechs Schiffe. Nicht fünf, wie sonst üblich, aber das war den Zollinspektoren im Hafen von Cochin bereits bekannt, noch bevor die Flotte eingelaufen war. Nachrichten reisten schnell an Indiens Westküste, vor allem die über die legendäre Pfefferflotte aus Goa, die von Cochin aus Richtung Lissabon in See stach. In diesem Jahr war die Ernte derart gut ausgefallen, dass die Portugiesen ein zusätzliches Schiff organisieren mussten, die „Santa Cruz“.

Auf ihr segelte ein junger Niederländer nach Europa, der die letzten Jahre im Dienst des Erzbischofs von Goa verbracht hatte. Er war mit wenig Gepäck an Bord gekommen, lediglich einige persönliche Gegenstände sowie eine Truhe mit Dokumenten befanden sich in seiner Kabine. Die Zollinspektoren warfen einen Blick auf die Notizen, die sie nicht lesen konnten. War das Niederländisch? Ja, war es. Ein Tagebuch, erklärte der junge Mann ihnen, Erinnerungen an schöne Tage in Portugiesisch-Indien, an die jungen Damen und die Feste im Palast. Auch Zeichnungen von Elefanten habe er angefertigt, hier und hier, und auf diesen Blättern dort Skizzen von Papageien. Die Inspektoren warfen die eng beschriebenen Seiten desinteressiert zurück in die Truhe. Dann wünschten sie eine gute Reise und gingen an Deck, um dort Kisten und Fässer zu überprüfen.

Jan Huyghen van Linschoten diente dem Erzbischof von Goa – und hatte Zugang zu geheimen Wissen

Wenn Stefan Zweigs Gedanke aus den „Sternstunden der Menschheit“ stimmt, nach dem ein einziger Augenblick die Geschichte der Welt verändern könne, dann war die Zollkontrolle vor der Abfahrt im Hafen von Cochin an jenem 20. Januar 1589 ein solcher. Hätten die Inspektoren die Truhe mit den Aufzeichnungen beschlagnahmt, die Jan Huyghen van Linschoten an Bord gebracht hatte – sie hätten die Ereignisse der kommenden Jahrzehnte verhindert (oder zumindest auf unbestimmte Zeit verzögert).

So aber verließ zusammen mit dem jungen Reisenden das gesammelte portugiesische Geheimwissen über die Schiffsrouten nach Indien den Hafen von Cochin, Aufzeichnungen über Strömungen, Winde und Flauten, dazu van Linschotens eigene Notizen über die Seetüchtigkeit der Handelsflotte und die Situation an Bord der Schiffe. Es waren diese Informationen, die die Republik der Vereinigten Niederlande bald schon in die Lage versetzen sollten, den unfassbar lukrativen Gewürzhandel an sich zu reißen; es waren diese Manuskripte, die die portugiesischen Herrscher der Meere entthronten. Die Truhe in van Linschotens Kajüte verschob die Machtverhältnisse auf den Ozeanen, in Europa und der Welt.

Ende des 16. Jahrhunderts hielt Portugal das Monopol auf den Gewürzhandel mit Indien. Nach Vasco da Gamas Pionierfahrt 1498 hatte das Königreich auf der Iberischen Halbinsel seine Einflusssphäre im Osten weiter ausgedehnt. 1510 machten die Portugiesen dann Goa zur Hauptstadt ihres *Estado da Índia*, kurze Zeit später landeten sie auf Sri Lanka, dann auf den Molukken. Auf der *Carreira da Índia*, dem „Fahrweg nach Indien“, brachten Portugals Schiffe den Reichtum einer ganzen Welt nach Lissabon.

Das Wissen um diese Route war ein streng gehütetes Staatsgeheimnis und in sogenannten *roteiros* zusammengestellt. Jeder Kapitän bekam eine aktualisierte Version dieses Seebuchs ausgehändigt, zusammen mit der Anweisung, es im Fall einer Gefangennahme unbedingt zu vernichten. Als Jan Huyghen van Linschoten in die Geschichte trat, kannten tatsächlich nur die Portugiesen die Route für eine sichere Passage nach Indien.

Van Linschoten wurde 1563 in einer Ära geboren, die später als Zeitalter von Queen Elizabeth, Philipp von Spanien und Wilhelm von Oranien in die Geschichtsbücher eingehen sollte. Er stammte aus Enkhuizen in Westfriesland, das sich während seiner Jugendjahre von einem beschaulichen Heringsfischerhafen zu einer spätmittelalterlichen Boomtown entwickelte. Sein Vater war Wirt im „Gouden Valk“, an dessen Tischen Matrosen ihre Heuer versoffen, Fischer ihren Durst stillten und Piraten von Schätzen in exotischen Weltenecken erzählten.

REYS-GHESCHRIFT
Vande Navigatien der Portugaloysers in Orienten / inhoudende de Zeevaert / soo van Portugael naer Oost Indien / als van Oost Indien weder naer Portugael; Insgelijcx van Portugaels Indien / nae Malacca, China, Iapan, d'Eylanden van Iava ende Sunda, soo in't heen varen / als in't weder keeren; Item van China nae Spaenschs Indien / ende wederom van daer nae China; Als oock van de gantsche Custen van Brasilien / ende alle die Havens van dien; Item van't vaste landt / ende die voor Eylanden (Las Antillas ghenaemt) van Spaenschs Indien / met noch de Navigatie vande Cabo de Lopo Gonsalues, naer Angola toe / aen de Custe van Æthiopien; Mitsgaders alle die Coursen / Havens / Eylanden / diepten ende ondiepten / sanden / drooghten / Riffen ende Clippen / met die ghelegentheydt ende streckinghe van dien. Desghelijcks die tyden vanden jare dat de winden waeyen / met die waerachtighe teeckenen ende kennisse van de tyden / ende het weer / wateren / ende stroomen / op alle die Orientaelsche Custen ende Havens / ghelijck sulcks alles gheobserveert ende aen gheteyckent is / van de Piloten ende s'Coninghs Stuer-luyden / door de ghestadighe Navigatie / ende experientie byde selfde ghedaen ende bevonden.

Alles seer ghetrouwvelijcken met grooter neersticheyt ende correctie by een vergadert, ende uyt die Portugaloysche ende Spaensche in onse ghemeene Nederlandtsche Tale ghetranslateert ende overghheset,

Door IAN HVYGHEN van LINSCHOTEN.

TAMSTELREDAM.
By Cornelis Claesz. op't VVater, in't Schrijf-boeck, by de oude Brugghe.
Anno M. D. XCV.

Nach der Rückkehr in die Heimat verfasste van Linschoten eine Schrift über seine Fahrt nach Indien

Der kleine Jan verrichtete Botengänge und lauschte fasziniert, wann immer sich ihm die Gelegenheit bot. Und fasste schon früh den Entschluss, in die Ferne zu ziehen. „Keine Zeit ist mehr verschwendet als die, die ein Junge in der Küche seiner Mutter verbringt“, würde er später vom anderen Ende der Welt an seine Eltern schreiben. „Er erfährt dort weder, was Armut ist noch was Luxus, noch was es sonst noch gibt auf der Welt – und dieses Nichtwissen ist dann oft genug Grund für seinen Ruin.“

Mit 17 reiste van Linschoten zu seinen Halbbrüdern nach Spanien und absolvierte in Sevilla eine Kaufmannsausbildung. Er lernte Spanisch, und, während eines Aufenthalts im Nachbarland, auch Portugiesisch. Dann ergatterte einer der beiden Brüder eine Passage auf einem jener Schiffe, die Portugal jährlich nach Indien entsandte, um die Pfefferernte nach Lissabon zu holen. Solche Positionen wurden in der Regel verkauft – wer mitsegelte, konnte die investierte Summe wieder zurückgewinnen, indem er auf dem Rückweg Waren auf eigene Rechnung nach Europa brachte. Mit an Bord sollte auch der neue Erzbischof von Goa sein. Auf Fürsprache seines Bruders nahm der Geistliche van Linschoten in den Stab seiner Helfer auf. Am 8. April 1583 setzte das Schiff Segel.

Eine Nao aus Lissabon hatte damals keine Feinde zu fürchten. Portugal kontrollierte seine Gewässer rigoros, fremde Schiffe wurden von der Marine abgefangen, die Fracht konfisziert, das Schiff versenkt – mit der Besatzung unter Deck. Das wirkte derart abschreckend, dass es so gut wie keine Überfälle gab – als van Linschoten nach Goa aufbrach, segelten portugiesische Naos seit einem Jahrhundert fast unbehelligt zwischen Asien und Portugal hin und her. Sein Schiff aber wurde vor der afrikanischen Küste von Piraten entdeckt und für kurze Zeit verfolgt. Die Panik, die dabei an Bord ausbrach, wird bei ihm möglicherweise erste Zweifel an der portugiesischen Unantastbarkeit geweckt haben.

Überhaupt schienen die Schiffe der Weltmacht weit weniger für den Seehandel gerüstet, als es den Anschein hatte. In seiner „Reysgheschrift vande navigatien der Portugaloysers in Orienten“ (Reisebericht über die portugiesische Navigation im Orient) wunderte sich van Linschoten später über den portugiesischen Brauch,

Ein Boot in Goa. Van Linschoten konnte erstaunlich gut zeichnen

wichtige Posten an Bord nach Haus, Wappen und Geburt zu vergeben – und nicht aufgrund seemännischer Fähigkeit und Erfahrung, wie es bei den Niederländern üblich war. Außerdem wurden die portugiesischen Mannschaften oft aus Straftätern und Arbeitslosen rekrutiert.

Auf See manövrierten sich Portugals Naos auf ihrer sechs- bis achtmonatigen Reise deswegen immer wieder in gefährliche Situationen: Zur fehlenden Qualifikation der Offiziere gesellte sich die mangelnde Disziplin der Mannschaft – und oft genug auch eine latente Bereitschaft zur Meuterei. Dass Kapitäne und Offiziere auf der Rückreise Waren auf eigene Rechnung mit an Bord brachten, hatte außerdem grotesk überladene Schiffe zur Folge, auf deren vollgestellten Decks die Matrosen oft nicht einmal einfachste Manöver ausführen konnten. Aus all diesen Gründen verloren die Portugiesen immer wieder Naos auf hoher See.

Überhaupt erscheint es aus heutiger Sicht erstaunlich, dass es Schiffe damals regelmäßig nach Indien und zurück schafften. Ihre Kapitäne besaßen kaum verlässliche technische Hilfsmittel und mussten sich stattdessen vor allem auf ihre Erfahrung und empirische Beobachtungen verlassen. Sie achteten auf Seevögel, die sich verändernde Farbe des Meers und treibenden Seetang, sie notierten Winde, Strömungen, Untiefen und die Position von Sandbänken. Vor allem aber verließen sie sich auf die *roteiros*, die ihre Vorgänger zusammengestellt hatten und die im Lauf der Zeit immer ausführlicher und detaillierter wurden.

Es ist unklar, ob van Linschoten diese Schiffsbücher je mit eigenen Augen gesehen hat. Er besaß in den kommenden viereinhalb Jahren allerdings Zugang sowohl zur Bibliothek des Erzbischofs als auch zu den Schriften- und Kartensammlungen im Palast des Vizekönigs. Außerdem machte er sich fortlaufend Notizen über eigene Beobachtungen und fertigte – erstaunlich gute – Skizzen von allem an, was ihn interessierte: Pflanzen, Tiere, Gebäude, Schiffe, Hafenanlagen. Van Linschoten hatte nie den Auftrag, nautische Informationen zu sammeln, er tat es offenbar vielmehr aus Enthusiasmus und Interesse an der Sache. Bestimmt plante er schon früh, seine Aufzeichnungen als Reisebericht zu veröffentlichen, als „Reysgheschrift“, das taten damals viele, die das enge Europa verlassen und zurückkehren konnten. Ob er ein Wirtschaftsspion war? Zumindest wird er die Bedeutung seiner Aufzeichnungen realistisch eingeschätzt haben. Ob er die Folgen ahnen konnte, die ihre Publikation haben würde? Auch das wird man ihm unterstellen dürfen.

Im September 1583 trifft er im Gefolge des Erzbischofs in Goa ein, das zeitgenössische Schreiber als das „Rom Indiens“ bezeichneten (oder, je nach persönlicher Weltsicht, auch als „Sodom und Gomorrha des Ostens“). Mit etwa 225 000 Einwohnern gehörte die Stadt damals zu den einwohnerreichsten der Welt. Regiert wurde die Kolonie von einem Vizekönig. Die Macht des Erzbischofs war allerdings mindestens ebenso groß und seine Ländereien und Besitztümer umfangreicher als die der Krone. Zwar fehlte dem Vertreter des Papsts eine Armee, doch besaß er die Macht der Exkommunikation. Van Linschoten jedenfalls stand im Dienst eines mächtigen und einflussreichen Manns.

Und er sollte diesen Zugang in den kommenden Jahren nutzen. Der wissbegierige und kaufmännisch talentierte Niederländer wurde schnell zum wichtigsten Sekretär des Kirchenfürsten. Bald schon war van Linschoten bestens vernetzt in den klerikalen Zirkeln von *Asia Portuguesa.* Dann aber wurde der Erzbischof auf dem Weg zu einem Treffen mit Portugals König und dem Papst vergiftet. Sein Nachfolger brachte einen Tross an eigenen Untergebenen mit, van Linschoten musste den erzbischöflichen Palast verlassen und verlor von einem Tag auf den anderen jeden Einfluss, den er sich in den Jahren zuvor erarbeitet hatte. Dem Niederländer dürfte klar gewesen sein, dass die Gegner seines ermordeten Arbeitgebers ahnten, welch ungeheures Wissen er in seiner Zeit gewonnen haben musste. Van Linschoten wollte weg, er musste weg.

Die außerordentlich gute Pfefferernte kam ihm zu Hilfe sowie das zusätzliche Schiff, das für den Transport nach Europa benötigt wurde. Auch die erforderlichen

Papiere für die Passage nach Lissabon wurden ihm gewährt – offenbar konnte er den Behörden glaubhaft versichern, er verlasse Goa nur vorübergehend.

In seinen Aufzeichnungen beschreibt er die Reise als fürchterlich. Die „Santa Cruz“ geriet immer wieder in schwere See, trieb tagelang manövrierunfähig im Meer und entging nur knapp einer Meuterei. Kurz vor den Azoren wurde die kleine Flotte dann auch noch von englischen Korsaren gestellt. Auf der „Santa Cruz“ wunderte man sich über die Dreistigkeit der Piraten und die ausbleibenden portugiesischen Kriegsschiffe. Dass ein Großteil der Flotte kurz zuvor zusammen mit der spanischen Armada vor England vernichtet worden war, wussten die Reisenden aus Indien nicht. Nur mit viel Glück konnte sich die „Santa Cruz“ in den Hafen der Azoreninsel Terceira retten.

Es sollte zweieinhalb Jahre dauern, bis van Linschoten Terceira Richtung Europa verlassen konnte. Zweieinhalb Jahre, die er nutzte, um seine Aufzeichnungen zu überarbeiten, Informationen zu verifizieren und eine alternative Route nach Indien auszuarbeiten, die erhebliche Vorteile bot und das Monopol der Portugiesen beenden sollte. Als sich die erste niederländische Flotte 1595 auf den Weg machte (Kapitän Cornelis de Houtman war ausgerüstet mit einer Kopie von van Linschotens „Reysgheschrift“), folgte sie zwar der *Carreira de Índia* um das Kap der Guten Hoffnung, segelte dann aber nicht auf nordöstlichem Kurs nach Goa, sondern stracks nach Osten und über die Sundastraße weiter nach Java.

Mit diesem Kurswechsel sollten die Niederländer in den kommenden Jahrzehnten den Monsun umschiffen, der den portugiesischen Handel bislang auf eine Reise im Jahr beschränkt hatte. Stattdessen nutzten sie die zuverlässigen Westwinde im Süden, die ihre Ostindienfahrer von der Südspitze Afrikas innerhalb von nicht einmal vier Wochen bis hinüber in die Sundastraße bliesen. Auf dem Rückweg sorgte der Südostpassat dann für Anschub – die Dreimaster der Niederländer segelten auf einem Kurs südlich des Äquators Richtung Madagaskar, von wo der Agulhasstrom entlang der Küste sie ans Kap brachte und die Winde des Atlantiks anschließend nach Europa. Diese Route konnte das ganze Jahr über befahren werden. Es war exakt der Kurs, den van Linschoten vorgeschlagen hatte.

Der kehrte am 22. Juli 1592 nach Enkhuizen zurück. Und stellte fest, dass er während seiner Abwesenheit berühmt geworden war. Tatsächlich hatten all seine Briefe aus Goa die Eltern erreicht, und längst kannte jeder in der Stadt seine Schilderungen vom anderen Ende der Welt. Van Linschoten zählte nun zu den wichtigen Bürgern Enkhuizens.

Mithilfe des Amsterdamer Verlegers Cornelis Claesz erschien 1595 die „Reysgheschrift“, ein Jahr darauf dann „Itinerario: Voyage ofte schipvaert van Jan Huyghen van Linschoten naer Oost ofte Portugaels Indien“ (Reisebericht über die Fahrt des Seemanns Jan Huyghen van Linschoten nach Portugiesisch Indien). Und die Niederlande standen kurz davor, zur mächtigen Seemacht zu werden.

In den letzten Jahren des 16. Jahrhunderts segelte van Linschoten zweimal mit Willem Barents in die Arktis; von beiden Expeditionen kehrte er gesund nach Enkhuizen zurück. Nach Indien reiste er nie wieder, die Strapazen der Passage schienen ihm zu beschwerlich, die Erinnerung an die endlosen Monate auf See zu bedrückend. Als Jan Huyghen van Linschoten 1611 im Alter von 48 Jahren starb, waren die Niederlande auf dem Weg, die größte Handels- und Wirtschaftsmacht Europas zu werden. Was sie ganz entscheidend jenem Mann zu verdanken hatten, der als kleiner Junge im Wirtshaus seines Vaters so gern den Geschichten der Seeleute und Fischer gelauscht hatte.

Stefan Nink, Jahrgang 1965, Autor in Mainz, hat ein Faible für die Zufälle der Weltgeschichte mit ihren manchmal weitreichenden Folgen – und für die Menschen, die an diesen Zufällen beteiligt waren. Nink: „Haben nicht immer wieder Einzelne den Lauf der Geschichte komplett verändert, ohne dass wir heute noch ihre Namen kennen?“

Aus van Linschotens Buch über die Arktisexpeditionen mit Willem Barents

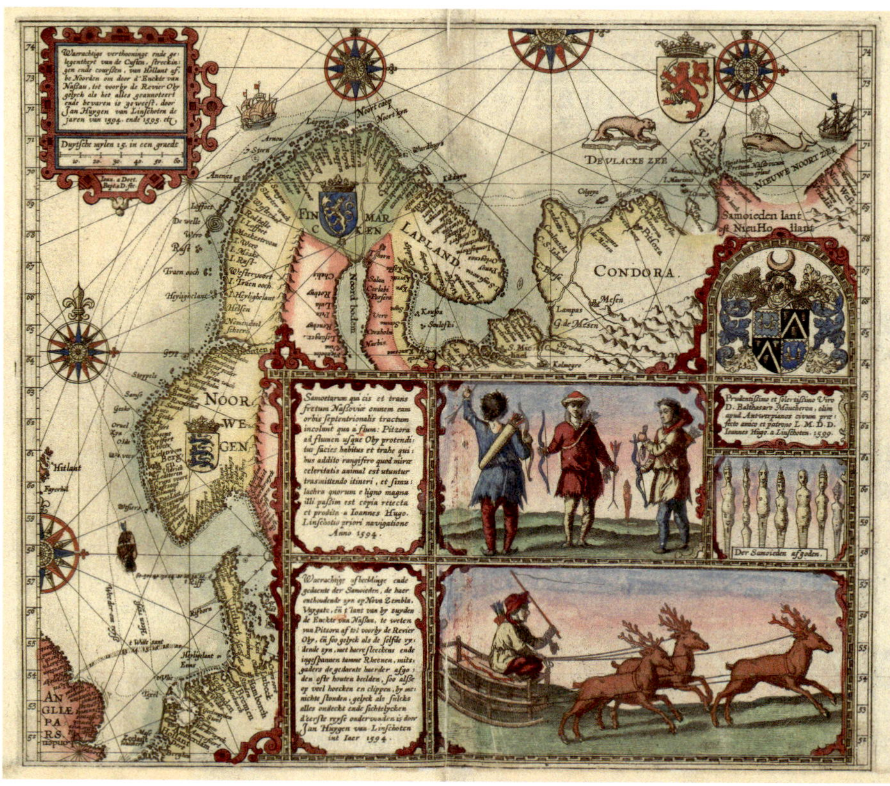

Die Jeanne d'Arc der Griechen

An heldenhaften Frauen herrscht bei den Hellenen kein Mangel, aber nur eine trägt eine Pistole am Gürtel. Wer das ist, weiß in Griechenland jedes Kind: die Freiheitskämpferin Laskarina Bouboulina

Von Stella Bettermann

BOUBOULINA? IN UNSEREN Ohren klingt das wie ein albernes Kosewort. Ihre Zeitgenossen vor 200 Jahren fanden sie allerdings nicht zum Lachen, im Gegenteil: Laskarina Bouboulina, deren Standbild auf ihrer Heimatinsel Spetses überlebensgroß aufs Meer späht, führte eine Flotte an und zog gegen das Osmanische Reich in die Schlacht. Dennoch ist Laskarina, in deren Leben Figuren wie Zarin Katharina die Große oder Nakschidil, die Herrscherin des Konstantinopler Harems, eine Rolle spielten, außerhalb Griechenlands nur wenigen ein Begriff.

Bereits ihre Geburt war außergewöhnlich, denn sie kam in Yedikule, der „Burg der sieben Türme", zur Welt, Schatzkammer und Kerker von Konstantinopel. Dorthin war ihre schwangere Mutter Skevo 1771 gereist, um ihren Ehemann freizubekommen, Kapitän Stavrianos Pinotsis, der mit den Russen in der Orlow-Revolte gegen die Türken gekämpft hatte.

Ende des 18. Jahrhunderts nämlich unterstanden die Griechen seit 400 Jahren dem Osmanischen Reich. Gleichzeitig befand sich das russische Zarenreich im Krieg mit den Türken. Um die osmanischen Truppen von russischen Grenzen abzulenken, ließ Katharina die Große ihren Liebhaber Fürst Gregor Orlow und seine Brüder 1769 bei den Griechen eine Revolte gegen ihre Besatzer anzetteln. Die List ging auf: Um sich der Aufständischen zu erwehren, eilten die Türken gen Süden (weshalb den Russen daraufhin die Annexion der Krim gelang). Leider aber ließ Katharina die Griechen dann im Stich, und sie wurden massakriert oder – wie Kapitän Pinotsis – inhaftiert.

Er verstarb in Yedikule infolge der harten Haftbedingungen, und so reiste seine Frau allein mit dem Säugling heim. Der Hass der kleinen Laskarina auf die Osmanen aber war ihr nun wie eingeimpft.

Die Familie entstammte wohlhabenden Verhältnissen auf der Insel Hydra im Argolischen Golf, von wo Skevo mit der Tochter bald auf das Nachbareiland Spetses zog, sich wieder verheiratete und acht weitere Kinder bekam. Als Älteste wurde Laskarina naturgemäß ihre Anführerin. Derweil erlangte Spetses als Handelszentrum Bedeutung. Die Spetsioten investierten Geld in den Ausbau der Werft, in Herrenhäuser und Bildung – auch für Mädchen aus gutem Haus wie Laskarina, die von Hauslehrern in Französisch und Pianospiel unterwiesen wurde. Mit 17 heiratete sie Dimitrios Giannouzas, ein Handelskapitän wie ihr Vater, und bekam drei Kinder. Doch nach einigen Jahren kam ihr Mann bei einem Piratenangriff ums Leben. Laskarina heiratete erneut, wieder einen wohlhabenden Handelskapitän: Dimitrios Bouboulis (womit sie zur Bouboulina wurde, denn dies ist die weibliche Form ihres Nachnamens).

Die Bewohner von Spetses und Hydra waren Arvaniten, die aus der Gegend des heutigen Albanien stammten. Sie fühlten sich den Griechen zugehörig und träumten von der Befreiung Griechenlands – auch Bouboulis. Aber auch er kam auf See bei einem Piratenangriff um.

Man schrieb das Jahr 1811, Laskarina war nun 40, hatte sieben Kinder und war reich. Ihr Porträt im Nationalen Historischen Museum in Athen zeigt sie als robuste Heldin mit grimmigem Gesichtsausdruck und herrischem Mund. Eine Frau mit eigenem Kopf, das steht außer Frage. Sie beschloss, zur See zu fahren – warum, ist historisch unklar, vielleicht einfach, weil sie es konnte. Sie war das Familienoberhaupt, also gab es niemanden, der etwas einwenden durfte. Außerdem liebte sie das Meer und das Treiben in den Hafenstädten. Dort vor allem spürte sie die fiebrige Aufbruchstimmung im Nachklang der Französischen Revolution und eine alles beherrschende Sehnsucht nach Freiheit.

Zu jener Zeit war Europa verstrickt in die Napoleonischen Kriege, daher existierten Handelsembargos. Bouboulina gelang es, mit ihren Schiffen Blockaden zu umgehen und so ihr Vermögen zu vervielfachen. Ihr Geschick brachte der „Kapetanissa" (Kapitänin), wie sie nun genannt wurde, viel Respekt ein. Doch 1816 beschloss Sultan Mahmud II., sie zu enteignen, weil ihr zweiter Mann Bouboulis mit den Russen gegen die Türken kollaboriert hatte.

Umgehend reiste Bouboulina nach Konstantinopel zum russischen Botschafter Graf Stroganow. Er hatte ihr schon früher einmal geholfen, ihre Schiffe der russischen Fahne zu unterstellen, weil dies Handelsreisen erleichterte. Er empfahl ihr nun, eine Audienz bei der Mutter Sultan Mahmuds, Nakschidil, die den Ehrentitel Valide Sultan trägt, zu erbitten. Und von diesem Zeitpunkt wird die Geschichte komplett hollywoodesk. Nakschidil nämlich soll die Französin Aimée du Buc de Rivéry gewesen sein, eine Cousine der

Laskarina Bouboulina an Bord ihres Kriegsschiffs „Agamemnon", Lithografie von J. B. Kuhn nach Peter Hess, um 1845

Kaiserin Joséphine, die mit 20 Jahren von Piraten entführt und verkauft worden war – so zumindest die Legende, die damals kursierte. Wie schon andere Sultansmütter davor war sie politisch äußerst einflussreich.

Das Gipfeltreffen der Frauen fand im Harem des Topkapıpalasts bei Mokka und Lokum statt, und die beiden schlossen Freundschaft – in einem diplomatischen Sinn: Die Valide Sultan wollte sich für die Kapetanissa bei ihrem Sohn einsetzen. Dafür musste jene versprechen zu helfen, wenn je eine türkische Frau ihre Hilfe erbitten würde.

Dank Nakschidils Fürsprache durfte Bouboulina ihr Vermögen behalten. Doch statt sich nun versöhnlich zu zeigen, ließ sie ein Kriegsschiff bauen: die „Agamemnon", eine 33 Meter lange Korvette mit 18 Kanonen. Eigentlich waren den Griechen nur (kleinere) Handelsschiffe erlaubt, doch Bouboulina bestach den türkischen Prüfer. Mittlerweile war sie – als einzige Frau – Mitglied der Philiki Etaireia, eines Geheimbunds, der den Befreiungskampf gegen die verhassten Osmanen plante und in Laskarinas Salon konspirative Treffen abhielt.

Am 25. März 1821 begann die Revolution. Bouboulina hisste eine selbst entworfene Fahne mit Phönix, Adler und Anker und stach am 3. April mit acht Schiffen, die sie kommandierte, in See. Ihre Aufgabe: die Belagerung der Stadt Nafplio auf der Peloponnes. Auch an Land wurde sie aktiv und riss die Soldaten mit glühenden Reden mit. Bei einem Scharmützel fiel ihr ältester Sohn Giannis – was ihren Hass auf die Gegner noch anfachte. Bei dem Kampf um Tripoli, der Verwaltungshauptstadt im Landesinneren der Peloponnes, traf sie schließlich auf den Oberbefehlshaber der Griechen: Theodoros Kolokotronis, bekannt als „der Alte von Morea", eine schillernde Figur mit markantem Schnurrbart und einem Federhelm von seiner Zeit als Major der Briten auf Zakynthos. Mit ihm und weiteren Generälen plante Bouboulina Strategien und Angriffe, sie und „der Alte" wurden dabei Vertraute.

In dem Historienroman „Heldin von Hellas" von Michael von Griechenland heißt es sogar, er sei ihr Geliebter gewesen. (Die Geschichtsbücher wissen aber nur von der Heirat zwischen Laskarinas Tochter und Kolokotronis' Sohn.) Im Spätsommer 1821 fiel Tripoli. Daraufhin schlachteten einfallende Griechen aus Rache an vorangegangenen Massakern der Türken Tausende muslimische und auch jüdische Bewohner ab. (Die Türken revanchierten sich, indem sie auf der Insel Chios 100 000 Griechen töteten oder als Sklaven verkauften.) Die Bouboulina aber vergaß nicht das Versprechen an Nakschidil und rettete den Harem des Paschas von Tripoli.

Ein Jahr später brachte ihre Flotte das ausgehungerte Nafplio zu Fall, später kämpfte sie für die Einnahme der Stadt Monemvasia im Süden der Peloponnes. Bereits Ende 1821 trat die erste Nationalversammlung zusammen, und Anfang 1822 wurde die Unabhängigkeit Griechenlands proklamiert. Doch wie so oft nach Revolutionen zerstritten sich ihre Protagonisten. Kolokotronis wurde inhaftiert und erst freigelassen, um 1825 erneut gegen die (wieder erstarkenden) Türken zu kämpfen. Die Kapetanissa, die nun in Nafplio lebte, wurde in ihre Heimat Spetses verbannt.

Sie sei verbittert gewesen, sagten die, die sie kannten, außerdem war ihr Vermögen aufgebraucht, denn sie hatte es in den Krieg investiert. Wahrscheinlich wäre sie aber auferstanden wie der Phönix auf ihrer Fahne – als Kapitänin, vielleicht als Politikerin. Doch dann kam sie am 22. Mai 1825 ums Leben: Ihr Sohn Giorgios hatte eine junge Frau entführt, und im Streit mit deren Familie traf Laskarina ein Schuss. Postum bekam sie von den Russen den Rang einer Admiralin zur See anerkannt – als erste Frau überhaupt.

Was neben dem Standbild auf Spetses heute an sie erinnert, sind diverse Büsten, zahlreiche ihr gewidmete Straßen und viele griechische Fischerboote, die ihren Namen tragen. Doch das ist nicht alles. In jüngster Zeit betonen Historiker, allen voran Roderick Beaton vom King's College in London, die Bedeutung der Griechischen Revolution von 1821. Denn das daraufhin entstandene Griechenland war der erste Nationalstaat in Europa, dem alle anderen erst später folgten – eine Errungenschaft, mit erkämpft von einer wahrhaft außergewöhnlichen Frau.

Stella Bettermann, Jahrgang 1963, Halbgriechin und freie Autorin in München, empfiehlt Geschichtsinteressierten einen Besuch bei Bouboulina zu Hause – ihr Wohnhaus auf der bezaubernden Insel Spetses ist heute ein Museum. Die Führungen machen Nachfahren der alten Freiheitskämpferin.

Diese Welle ist riesig

Musik, Freiheit, Entgrenzung und das Meer: von Thomas Mann zu Ride – ein ozeanisches Gefühl

Von Marc Peschke

In Wilhelmshaven gibt es ein Wandgemälde des Künstlers Ruben Poncia, das den US-Musiker Huddie Ledbetter, genannt Leadbelly, zeigt. Es ist ein riesenhaftes Bild, das die Sehnsucht nach Freiheit des Blues-Sängers darstellt, der mit dem Song „The Midnight Special“ bekannt geworden ist. Um was es im Blues geht, um die Sehnsucht nach Freiheit, den Willen, aus dem Schlamassel herauszukommen, das ist das Thema vieler Songs, das große Thema der populären Musik.

Aber was ist Freiheit? In der Musik bedeutet Freiheit auch das Beharren auf eigensinnige Kräfte, auf das Entfalten solcher Kräfte, auf der Tatsache, dass Musik eine Art Spiel ist, das nach ganz eigenen Gesetzen funktioniert – in diese Richtung hat Immanuel Kant die Musik in seiner „Kritik der reinen Vernunft“ interpretiert.

Der Begriff der Freiheit ist, betrachtet man einige ikonische Werke der Pop-Musik, eng mit dem der „Unendlichkeit“ verknüpft. Für Freiheit und Unendlichkeit – dafür steht, immer wieder, das Meer. Und diese Unendlichkeit ist – auch in seiner Nähe zum Göttlichen – ein großes Thema für einige der besten Pop-Bands des 20. Jahrhunderts.

In Songs wie „Grown Ocean“ von den Fleet Foxes, „Children Of The Sea“ von Black Sabbath, „Into The Mystic“ von Van Morrison, „Between The Devil And The Deep Blue Sea“ von Ella Fitzgerald, „Ocean Of Noise“ von Arcade Fire, „Ocean Breathes Salty“ von Modest Mouse, „Oceania“ von Björk oder „Ocean“ von Goldfrapp – in all diesen Songs wird auf unterschiedliche Weise das Meer als Sehnsuchtsort beschrieben, als einen Ort, an dem man sich in Weite, in Stürmen und Untiefen verlieren kann.

Doch auch anders: Hier am Meer, in der Sphäre dieser fremdartigen Welt, weitet sich der Geist, hier entspringt ein ozeanisches Gefühl, hier kann man durchatmen. Hier gibt es keinen vorgezeichneten Weg, hier ist vieles, hier ist alles möglich. Musik öffnet andere Sphären. Betrachten wir etwa das Cover des Debütalbums „Nowhere“ der englischen Shoegaze-Band Ride. Wir sehen nichts als eine Wasseroberfläche, ein leichtes Kräuseln. Eine Welle entsteht – oder ist sie im Begriff, sich aufzulösen? Ist diese Welle riesig? Oder ist sie ganz klein?

„First you look so strong / Then you fade away“ singt Mark Gardener in dem Stück „Vapour Trail“. Die Coverfotografie des Surf- und Skateboard-Fotografen Warren Bolster ist ein Sinnbild auch für den Noise-Pop-Sound von Ride. Das Entrückte, aber auch Chaotische und Psychedelische, das Schwelgerische mehrstimmiger Gitarrenwände, die Verzerrungen und Feedbacks, die grenzenlose musikalische Freiheit, die einer Naturgewalt gleichkommt: Das ist die so selbstvergessene Musik von Ride.

Das war auch die Idee von Mike Oldfield, dessen 1973 erschienenes Debütalbum „Tubular Bells“ eine sich brechende Welle vor einem hübsch bewölkten Himmel zeigt. Darüber, schwebend, surreal, unerklärlich, ein chromglänzendes, gebogenes Rohr mit zwei Öffnungen. Der Brite spielte fast alle Instrumente selbst ein – und schuf damit einen Klassiker des Progressive-Rock. Er nahm sich die Freiheit, aus Versatzstücken von klassischer Musik, Folk, Blues und Rock mit einer Vielzahl von Instrumenten, darunter auch die namensgebenden Röhrenglocken, einen Klang zu kreieren, der musikalische Entgrenzung erfahrbar macht. Und auch ihm diente das Meer als Modell für einen Sehnsuchtsort.

Iggy Pops Album „Free“ trägt den Freiheitsbegriff schon im Titel. Das 2019 erschienene, 18. Studioalbum des US-amerikanischen Punk-Gottvaters zeigt auf der Hülle den Künstler am Meer, es durchschreitend, den Blick in endlose Ferne gerichtet. Was als Bild fast schon ein Klischee ist, entpuppt sich musikalisch hier als veritable, eher unerwartbare Neuerfindung des Künstlers zwischen Free Jazz, Ambient und Spoken Poetry.

„Ich wollte frei sein. Ich weiß, dass dies eine Illusion ist und dass Freiheit nur etwas ist, das man fühlt. Aber ich habe mein Leben in dem Glauben gelebt, dass dieses Gefühl alles ist, was es wert ist, verfolgt zu werden, alles, was du brauchst – nicht unbedingt Glück oder Liebe, sondern das Gefühl, frei zu sein“, kommentiert der frühere Frontmann der Stooges das Werk, das klassische Songstrukturen in Teilen vollkommen hinter sich lässt.

Sicher kannte Iggy Pop das Album „Bitches Brew“ von Miles Davis, das 1970 erschien. Dieses Doppelalbum gilt als Ikone musikalischer Entgrenzung und als Beginn der Fusion-Musik. Auch dieses Werk zeichnet sich dadurch aus, dass es musikalische Grenzen im Spannungsfeld von Rock und Jazz verschiebt oder ganz auflöst. Das Cover zum Album wurde von dem Maler Mati Klarwein gestaltet, der bei Fernand Léger und Ernst Fuchs gelernt hatte und auch für andere Künstler wie Carlos Santana oder die Last Poets arbeitete.

Auch hier ist es der Blick auf das scheinbar unendliche Meer, der die dargestellten Personen eint. In der Betrachtung der Natur scheint der Schlüssel zu der Möglichkeit zu liegen, neue, andersartige Erfahrungen zu machen und Werke musikalischer Ungebundenheit zu kreieren. Mit den Dargestellten, so ahnen wir, blickt Miles Davis selbst aufs Meer. Sein Album ist ein Paradebeispiel für die Schönheit der Improvisation, für die Anfänge des Jazz-Rock, für den Moment, in dem sich die im Jazz damals gängigen Formschemata auflösen. An deren Stelle ist nun das kollektive Improvisieren von Ausnahmemusikern wie Wayne Shorter,

Hier am Meer, in der Sphäre dieser fremdartigen Welt, weitet sich der Geist, kann man durchatmen. Hier gibt es keinen vorgezeichneten Weg, hier ist vieles, hier ist alles möglich. Musik eröffnet andere Sphären.

Joe Zawinul, Chick Corea, John McLaughlin oder Dave Holland getreten, die allesamt auf dem Album zu hören sind.

Musik, Freiheit, Entgrenzung und das Meer: Die innere Verbindung dieser Begriffe wird in vielen Werken der Pop-Musik deutlich. Nur eines sei noch genannt, nämlich Neil Youngs „On The Beach“ aus dem Jahr 1974. Das Cover zeigt den Künstler von hinten, aufs Meer blickend, im Vordergrund ein Sonnenschirm und Campingstühle, ein Campingtisch, alles in warmen, gelben Farbtönen. Doch es ist ein eher trostloser Strand, den wir hier sehen. Links neben einem Stuhl aber wird es skurril, denn hier ragt die Heckflosse eines 1959er Cadillac aus dem Sand. Und der Rest? Steckt der Rest des Autos in der Tiefe des Sands?

Als ein „zerschossenes Dokument schwarzer Melancholie“ hat das Musikmagazin „Rolling Stone“ dieses Werk bezeichnet – auch hier blickt der Künstler, wieder einmal, aufs Meer. Ein Sinnbild in der Tradition von Caspar David Friedrich, noch einmal. Die Musik von Neil Young gilt als genuiner Sound eines freien Geists. Und dieser Geist holt sich seine Inspiration durch den Blick aufs Meer.

In der Avantgardemusik, im musikalischen Underground ist der Begriff der Freiheit zentral. Doch noch essenzieller: Schon ihr immaterieller Charakter macht sie frei. Immer wieder ist der Verlust der Freiheit der Musik beklagt worden, zuletzt etwa in Jens Balzers Buch „Pop“. Was lässt sich tun? Sollten nun die Musikerinnen und Musiker mehr auf das Meer schauen, um sie neu zu finden? So wie es vielleicht der Dichter Charles Baudelaire empfehlen würde, der gesagt hat „Das Meer wirst, freier Mensch, du lieben allezeit“?

Das Meer ist mehr als eine große Menge Wasser. Als eine Art Spiegel wurde es beschrieben, in den man immer und immer wieder blicken sollte. Der algerische Schriftsteller Yasmina Khadra drückt es so aus: „Man sollte immer auf das Meer sehen. Es ist ein Spiegel, der nicht lügt.“ Wie der Jazz, wie Punk-Musik, wie die Shoegaze-Sounds von Ride. Deren Anarchie widerspricht jedweden autoritären Prinzipien – viel beschrieben in der Polyrhythmik und Improvisation des Jazz.

Das Freie, Entgrenzende der hier vorgestellten musikalischen Werke findet sein Pendant in der Natur, genauer: im Meer, worauf der russische Futurist, Kunst- und Musiktheoretiker Nikolai Iwanowitsch Kulbin hingewiesen hat: „Die Musik der Natur“, schrieb er, „ist in der Auswahl der Töne frei.“ Und so ist auch der Klang des Meers. „Die freie Musik richtet sich nach denselben Gesetzen der Natur wie die Musik und die ganze Kunst der Natur.“

Alle die hier genannten Musiker streben nach einer Loslösung aus einem starren traditionalistischen Korsett. Der britische Musiker, Schriftsteller, Musikjournalist und Kurator David Toop hat in seinem Buch „Ocean of Sound“ (ein 1995 erschienenes, fulminantes Werk über die Geschichte des Klangs) diesem ozeanischen Prinzip in der Musik nachgespürt. Er fand es bei so unterschiedlichen Künstlern und Künstlerinnen wie Brian Eno, Sun Ra, Erik Satie, Kate Bush, John Cage, The Velvet Underground, Kraftwerk oder Brian Wilson, in so unterschiedlichen Musiken wie Dub, Exotica oder Free Jazz, bei Aphex Twin, den Beach Boys, Herbie Hancock oder My Bloody Valentine.

Auch Thomas Mann liebte das Meer – und zwar aus den gleichen Gründen wie die Musikerinnen und Musiker in David Toops Buch. In dem autobiografischen Essay „Süßer Schlaf“ schreibt Mann: „Das Meer! Die Unendlichkeit! Meine Liebe zum Meer, dessen ungeheure Einfachheit ich der anspruchsvollen Vielgestalt des Gebirges immer vorgezogen habe, ist so alt wie meine Liebe zum Schlaf, und ich weiß wohl, worin diese beiden Sympathien ihre gemeinsame Wurzel haben. Ich habe in mir viel Indertum, viel schweres und träges Verlangen nach jener Form oder Unform des Vollkommenen, welche ‚Nirwana‘ oder das Nichts benannt ist, und obwohl ich ein Künstler bin, hege ich eine sehr unkünstlerische Neigung zum Ewigen, sich äußernd in einer Abneigung gegen Gliederung und Maß.“

Thomas Mann und Ride – in der ozeanischen Abneigung gegen Gliederung und Maß, in der Liebe zur Formauflösung, in der Wahrnehmung des Meers und der Musik als eine Art unendlicher Raum finden sich überraschende Gemeinsamkeiten. Meereswelt und Musik erzählen gleichermaßen von einem unbedingten Drang nach Freiheit. „But we know there's no limit to thought“ singen Ride in „Seagull“, dem ersten Stück von „Nowhere“. Und weiter: „We know there's no limits.“

Ist diese Welle riesig? Oder ist sie ganz klein?

Marc Peschke, 1970 geboren, lebt in Wertheim am Main, Wiesbaden und Hamburg. Der Kunsthistoriker arbeitet als Journalist mit Schwerpunkt Kunst, Kultur und Pop, aber auch als Kurator und Kunstberater sowie als Künstler mit zahlreichen Ausstellungen im In- und Ausland. Seit 2020 ist Peschke unter dem Namen Maschera auch wieder als Musiker aktiv.

Ei, wie fein

Die Eier des Bismarckhuhns gelten in Papua-Neuguinea als Delikatesse. Doch wer ihrer habhaft werden will, der riskiert sein Leben

Text: Fabian von Poser
Fotos: Kristina Steiner

Linke Seite **Eliab hat ein Ei gefunden. Das Sammeln üben die Kinder der Tolai in kleinen, flachen Löchern. In die großen, tiefen gehen nur die Männer**

Oben **Wuat Tipia mit drei seiner sieben Kinder, Tita (links), Eliab und Nassain, vor ihrer Hütte auf Matupit. Am Wochenende paddeln sie im Kanu zum Mount Tavurvur, um dort Eier zu suchen**

Rechts **Die Eier des Bismarckhuhns sind größer und länglicher als gewöhnliche Hühnereier**

DAS GROSSFUSSHUHN *Megapodius eremita* ist nicht gerade eine Schönheit. Wer an Papua-Neuguinea denkt, dem kommen zuerst Paradiesvögel, bunte Schmetterlinge und jede Menge andere exotische Arten in den Sinn. *Megapodius eremita* hat nichts davon. Seine Federn sind dunkelbraun, der Schnabel mattgelb, die Statur gedrungen, die Füße riesig. Im Gegensatz zum Paradiesvogel, der die meiste Zeit des Tages im tropischen Regenwald verbringt, fristet das Huhn ein bescheidenes Dasein in den kargen Büschen am Fuß des Vulkans Tavurvur. Doch das Tier hat eine einzigartige Bruttechnik entwickelt: Es brütet seine Eier nicht selbst aus, sondern lässt dies vom Vulkan tun. Bei den Einheimischen sind sie als Delikatesse begehrt.

An einer sandigen Grube am Fuß des Tavurvur steht ein Mann. Sein Körper ist mit einer braunen Kruste aus Sand, Bims und Schweiß überzogen. Wie ein Maulwurf scharrt Chris Simon in einem drei Meter tiefen Loch. Am Tavurvur staut sich tropische Hitze. Die Schwefeldämpfe beißen in den Augen. Es hat weit über 30 Grad Celsius. In Simons Erdloch ist es noch heißer. „Man spürt die Hitze des Vulkans“, sagt er. Simon ist Eiersammler. Bereits seit Generationen graben die ortsansässigen Tolai, eine Ethnie von etwa 120 000 Menschen, die Eier der Tiere, die sie *ngiok* nennen, aus dem warmen Vulkansand aus, weil sie als extrem nahrhaft gelten. Sie schürfen nach ihnen beinahe wie nach Gold.

In der Brutzeit zwischen Mai und Oktober brechen die Männer jeden Morgen mit ihren Booten von der nahen Halbinsel Matupit zum Vulkan Tavurvur auf, denn ausschließlich den Bewohnern der Halbinsel ist es erlaubt, nach den Eiern zu suchen. Am Strand versammeln sie sich. Dann steigen sie gemeinsam zu dem Sandfeld am Fuß des Vulkans auf, denn die Eiersuche ist gefährlich. Der Sand ist puderweich, keine der Gruben gesichert, einen Schutz vor Einsturz gibt es nicht. „Immer wieder werden Männer verschüttet“, sagt Simon. „Wir nennen den Ort deswegen auch ‚Friedhof‘.“

Simon liegt jetzt bäuchlings in der Grube. Mit großer Sorgfalt arbeitet er sich ins Erdreich vor. Zentimeter um Zentimeter schaufelt er Vulkansand aus dem Loch. Immer wieder rieselt Sand zurück ins Innere. Doch Simon weiß, dass es nicht mehr weit sein kann, denn der Sand ist so weich, als sei er eben umgegraben worden – das Huhn muss erst vor Kurzem hier gewesen sein. Schließlich hält der 40-Jährige etwas leicht Pinkfarbenes in der Hand. Es hat etwa die Größe einer Avocado, ist aber als Ei deutlich zu erkennen.

„Wir Tolai ziehen das Ei des Großfußhuhns jedem üblichen Hühnerei vor“, sagt Simon. „Denn es besteht zu zwei Dritteln aus Eigelb. Es ist sehr nahrhaft.“ Die Zubereitung erfolgt meist traditionell: Die Eier werden in Blätter gewickelt, im Feuer gegart und dann mit Kochbananen verspeist. Oft verarbeiten die Einheimischen sie auch zu Rührei, und wenn sie ganz frisch sind, essen sie sie auch roh. Die Eier, die die Männer nicht zu Hause verbrauchen, verkaufen ihre Frauen zu drei Kina das Stück, knapp 80 Cent, auf den Märkten von Rabaul und Kokopo. Ist es ein besonders heißer Tag, sieht man die Männer die Eier direkt an den heißen Quellen am Fuß des Vulkans in Körben aus Palmblättern kochen. „Der Haltbarkeit wegen“, sagt Simon.

Das Verbreitungsgebiet von *Megapodius eremita* reicht von der Insel Neubritannien bis zu den benachbarten Salomonen. Trotz seiner äußerlichen Defizite ist das Huhn, das seit der deutschen Kolonialzeit in Neuguinea (1884–1918) auch Bismarckhuhn genannt wird, ein raffiniertes Tier, denn es tut einiges, um sich von anderen abzuheben. Am frühen Morgen, wenn die Sonne noch nicht über den Horizont geklettert ist, buddelt *Megapodius eremita* ein Loch in den Vulkansand – und zwar genau so tief, dass der Sand die Temperatur von 33 Grad hat. ➢

Linke Seite **Bismarckhühner sind zwar relativ klein, haben aber große, kräftige Beine und Füße. Damit graben sie Löcher mit einem Durchmesser von einem und einer Tiefe von zwei bis vier Metern**

Oben **Während Chris Simon (links) gräbt, wickelt Wuat Tipia die gefundenen Eier in Blätter. Zum Schluss verschnürt er sie mit einem jungen Pflanzentrieb und lässt zum Tragen einen Stengel herausstehen**

Unten **Wuat gräbt nach Eiern. Die Löcher können jederzeit einstürzen. Deshalb arbeiten die Männer niemals allein. Einer passt immer auf**

Oben **Hier wohnt Chris Simon mit seiner Frau und seinen fünf Kindern. Sie leben in unmittelbarer Nähe zu den heißen Quellen. In dem kochenden Wasser bereiten sie die Eier zu**

Unten **Die Eier bestehen überwiegend aus Eigelb. Sie sind besonders nahrhaft und gelten als Delikatesse**

Diese misst das Huhn mit der Innenseite seines Schnabels. Ist der ideale Ort gefunden, legt es sein Ei am Ende des Gangs ab und bedeckt es mit Sand. Dann übernimmt der Vulkan.

Es gibt mehr als 20 Arten von Großfußhühnern. Allen Arten gemeinsam ist: Sie brüten ihre Eier nicht mithilfe ihrer Körperwärme aus. Einige vergraben sie in der Nähe verrottender und somit wärmeproduzierender Baumwurzeln, andere, wie das Thermometerhuhn in Australien, verbauen in ihren teilweise mehrere Meter hohen Bruthügeln frische Blätter, die durch Gärung Wärme erzeugen.

„Die Vorfahren der Großfußhühner waren wie gewöhnliche Hühner und Fasane mit großer Wahrscheinlichkeit Bodenbrüter", sagt der niederländische Ornithologe René Dekker, der sich seit mehr als drei Jahrzehnten mit den Tieren beschäftigt und viele Jahre Vorsitzender der Gruppe der Großfußhuhnspezialisten in der Naturschutzorganisation IUCN war. „Um Wärmeverlust und Plünderungen durch Raubtiere zu vermeiden, wenn sie sich nicht im Nest aufhielten, bedeckten sie ihre Eier wahrscheinlich mit Blättern. Und je mehr Blätter sie auf die Eier legten, desto länger blieben diese warm", sagt Dekker. „So fand die evolutionäre Selektion zugunsten von Nestern mit immer mehr Blättern statt."

Die meisten Großfußhuhnarten sind behäbige Bodenbewohner. Aus Schutz vor Feinden führen sie ein unauffälliges Leben im Unterholz. Einige der Tiere müssen im Lauf der Evolution die Erfahrung gemacht haben, dass sie dort, wo der Boden warm war, weniger Blätter brauchten, um eine gute Temperatur für die Eier zu erreichen, ist der Wissenschaftler überzeugt. „Schließlich fügten sie überhaupt keine Blätter mehr hinzu, sondern gruben an Stränden oder an vulkanischen Stellen einfach Löcher in den warmen Boden, so wie am Tavurvur", sagt Dekker.

Nicht nur die Bruttechnik des Bismackhuhns ist einzigartig, auch die Jungtiere sind es. Während ein normales Huhn nach etwa drei Wochen schlüpft, erblicken diese Küken erst nach 60 Tagen das Licht der Welt. Und was für erste Stunden das dann sind: Manchmal müssen sich die Jungtiere in drei Meter Tiefe aus dem Ei

Desy Tipia, Wuats Frau, mit zwei ihrer sieben Kinder. Was die Familie an Eiern nicht selbst isst, verkauft sie auf dem Markt

Rechte Seite **Wuat und seine Kinder auf dem Rückweg zu ihrer Hütte. Auf dem Markt in Rabaul werden die Eier roh oder gekocht verkauft – mit oder ohne Küken darin**

Oben **Eliab gräbt nach einem Ei. Ehe er nach Hause paddelt, harkt er sorgsam die Erde um das Loch herum. So kann er später an möglichen Fußspuren erkennen, ob ein Huhn wieder ein Ei hineingelegt hat**

Unten **Die Küste der Halbinsel Matupit. Von dort aus braucht man im Kanu eine Stunde durch die hufeisenförmige Bucht zum Vulkan. 1994 begrub der Tavurvur die kaum vier Kilometer entfernte Stadt Rabaul unter einer sechs Meter dicken Ascheschicht**

quälen und brauchen dann ein bis zwei Tage, um zur Oberfläche zu gelangen. Dort erwartet sie kein erwachsener Vogel, denn die Eltern kümmern sich nicht um die Küken. Immerhin: Die Jungtiere können sofort fliegen.

Auf der kleinen Bauminsel an der Flanke des Vulkans, nahe der die Männer graben, leben im Durchschnitt etwa 200 Hühner. Die Hennen legen während der Brutzeit im Abstand von fünf bis neun Tagen etwa zwei Dutzend einzelne Eier, am liebsten morgens, im Schutz der Dunkelheit. „Wenn ich 20 Eier am Tag finde, dann war das ein guter Tag“, sagt Simon. Ein Sammler verdient bis zu 1200 Kina im Monat, umgerechnet etwas mehr als 300 Euro – in Papua-Neuguinea, wo seit der Unabhängigkeit von Australien im Jahr 1975 Misswirtschaft und Korruption den Alltag bestimmen, ein vortrefflicher Verdienst.

Es sind einfache Männer wie Chris Simon, die sich auf die Suche nach den Eiern machen. Oder wie Wuat Tipia. Der 49-Jährige hat das Eiersammeln von seinem Vater gelernt. Mit 15 stieg er das erste Mal in eine Grube. Heute wohnt er mit seiner Frau und den sieben Kindern in einer Holzhütte auf Matupit, kein Strom, kein fließendes Wasser. Wie Simon fährt Tipia jeden Morgen mit dem Boot zum Vulkan. Ab dem Nachmittag ist er zu Hause, um die Felder zu bestellen. Die meisten Familien haben Gärten in der fruchtbaren Vulkanerde angelegt, in denen sie allerlei Früchte und Gemüse anbauen: Ananas, Bananen, Kokosnüsse, Kürbisse, Süßkartoffeln, Wassermelonen und Zuckerrohr.

Obwohl das Verbreitungsgebiet der Hühner begrenzt ist und die Tolai ihnen in der Sammelsaison fast täglich nachstellen, sei *Megapodius eremita* nicht bedroht, sagt René Dekker. Laut der Naturschutzorganisation IUCN gibt es auf Neubritannien und den Salomonen noch bis zu 670 000 Tiere. Sind die Sammler eine Bedrohung für sie? „Ja und nein“, sagt Dekker. „An Orten, an denen die Menschen noch ihre alten Traditionen pflegen, sind sie sich durchaus bewusst, dass sie nicht alle Eier einsammeln können, sondern genug im Boden lassen müssen, um die Population von Großfußhühnern auf einem guten Niveau zu halten und regelmäßig Eier zu haben.“

Und diese Traditionen gibt es, denn die Tolai haben strenge Regeln – sie brauchen die Eier. „Die Hühner dürfen niemals gejagt werden“, sagt Chris Simon. „Falls es doch einmal jemand tut, wird er hart bestraft.“ Die Sanktionen reichen bis zum Ausschluss aus der Gemeinschaft. Auch wenn manche Tiere zahm sind, dürfen sie nicht im Garten gehalten werden. Jedem Sammler sind nur bestimmte Löcher zugeteilt, in denen er graben darf. Außerhalb der abgesteckten Bereiche lassen sie die Tiere in Ruhe. Die Männer versuchen zudem, nie *alle* Eier zu sammeln.

Als die Sonne am Mittag im Zenit steht, sich eine lähmende Hitze am Fuß des Tavurvur breitmacht, kniet Simon mit nacktem Oberkörper vor seinem Erdloch. Der 40-Jährige senkt den Blick. 15 Eier liegen vor ihm im Sand. Eine passable Ausbeute. Simon ist zufrieden, zumindest für heute. Am Mittag stapfen die Männer zurück zum Strand und steigen in ihre Kähne. Beim Ablegen blicken sie zurück auf den Vulkan. Im Sandfeld erkennt man dunkle Schatten im Mittagslicht, die Hühner. Nun, da die Sammler nach Hause gehen, erobern sie ihr Territorium zurück. Die Männer um Chris Simon sind nicht gram darüber. Sie hoffen vor allem eines: Dass der Sand am Tavurvur auch am nächsten Morgen wieder voller Eier sein wird.

Fabian von Poser, Jahrgang 1969, freier Autor in München, war bei seinem Besuch auf Neubritannien beeindruckt von der Ausdauer, mit der die Sammler nach den Eiern graben.
Kristina Steiner, Jahrgang 1980, lebt als freie Fotografin in Arnis an der Schlei. Mehrfach reiste sie in den vergangenen Jahren nach Papua-Neuguinea und verbrachte einige Wochen bei den Tolai.

DER INGENIEUR UND DAS MEER

Von Silvia Tyburski

Auf einer autofreien Insel im Ärmelkanal findet der Autokonstrukteur Louis Renault in den 1920ern Entspannung. Hierhin reist der Eigenbrötler, um ohne Ablenkung zu tun, was er am liebsten macht: arbeiten

29. - ILES CHAUSEY. — Le nouveau Château.

BEINAHE HÄTTE DER JUNGE SICH UND DEN Beamten mit seinem selbst gezimmerten Kahn in der Seine versenkt. Der Prüfer von der Pariser Zulassungsstelle für den Schiffsverkehr soll entscheiden, ob „Le Gigolo" fahrtüchtig ist – das Boot mit Dampfkesselantrieb, das der zwölfjährige Louis Renault gebaut hat. Mit ihm fahren sie nun, der junge Tüftler und der Ingenieur von der Behörde, als die Wellen eines passierenden Dampfers das Boot fluten. Der Prüfer befiehlt Louis, schleunigst ans Ufer zurückzukehren. „Le Gigolo" fällt durch. Doch zu scheitern kommt für diesen Jungen nicht infrage. Er erhöht die Bordwand und erhält im zweiten Anlauf die Zulassung. So bleibt Louis Renault sein Leben lang: zielorientiert, fast besessen von seinen Ideen.

In der Schule ist er, so klagt sein Vater Alfred einmal, „ein Esel. Er lernt nichts, es wird nie etwas aus ihm werden. Er interessiert sich nur für Mechanik". Die studiert der Autodidakt Louis Renault, geboren am 12. Februar 1877, in einem Schuppen im Garten der Eltern im Pariser Vorort Boulogne-Billancourt. In der Hauptstadt betreibt der Vater eine Knopffabrik. Wie seine beiden Brüder Marcel und Fernand soll auch Louis dort einmal eine kaufmännische Laufbahn einschlagen. Doch er, der Einzelgänger, schweißt und schraubt am liebsten in seiner Werkstatt und feilt an größeren Plänen. Später wird er neben Autos auch Antriebe für Flugzeuge, Traktoren und im Ersten Weltkrieg einen Panzer entwerfen. Und manchmal arbeitet er auch an Booten, auf Chausey, der Hauptinsel eines kleinen Archipels im Ärmelkanal, der er bis zu seinem Tod 1944 eng verbunden bleibt.

Dabei habe Louis Renault „gar keinen Sinn für das Meer gehabt", sagt Jean-Michel Thévenin. „Das Segeln und Navigieren überließ er seinen Kapitänen. Lieber ist er unter Deck gegangen, um dort etwas zu reparieren." Thévenin, 67, ein Mann mit kräftigen Händen und sonnengegerbtem Gesicht, ist auf Chausey aufgewachsen. Er hat dort als Fischer gearbeitet, später als Ingenieur auf Ölplattformen in aller Welt. Sein Großvater hielt für Louis Renault die Boote in Schuss, und Jean-Michel Thévenin brachte Christiane Renault, der Witwe des Autobauers, oft die Milch vom Bauernhof. Bis sie es 1976 an die Familie Henriet verkaufte, kam sie jeden August zur Sommerfrische ins Château Renault auf der Westseite der Insel.

Christiane verdankt Louis Renault sein liebstes Refugium, in dem er in den 1920ern viele Sommertage verbringt. Neben seinem Haus in der Pariser Avenue du Bois de Boulogne besitzt er seit 1906, keine zehn Jahre, nachdem er als 22-Jähriger mit seinen Brüdern die Automobilfabrik Société Renault Frères gegründet hat, ein Herrenhaus mit Ländereien im normannischen Herqueville. 1928 kommt eine Villa an der Côte d'Azur hinzu. Doch keines dieser Anwesen bietet ihm diese Weltabgewandtheit des Chausey-Archipels, rund 17 Seemeilen entfernt von Dinard, dem Seebad, in dem Christianes Eltern eine Sommerresidenz haben.

Von Chausey, gelegen vor der Bucht von Mont-Saint-Michel, kann man bei klarem Wetter den berühmten Klosterberg im Süden erkennen. Wie ein kleiner Haufen, den ein Wattwurm hinterlassen hat, wirkt er hier am Horizont. Gebaut wurde die Abtei aus dem Granit, den Arbeiter im Mittelalter aus den Steinbrüchen der Chausey-Inseln holten. An die 600 Steinhauer lebten im Archipel, dazu kamen Arbeiter, die Blasentang von den Felsen ernteten und daraus Soda für Glasfabriken auf dem Festland gewannen. Beides ist zu Renaults Zeiten nicht mehr rentabel. Es wohnen kaum 100 Menschen, allesamt Fischer, auf Chausey, als er den Namen der Insel 1918 zum ersten Mal hört.

Schloss und Schlossherr: Château Renault *(linke Seite)* **und sein Bauherr Louis Renault** *(oben)*

Renault trifft an einem Vormittag im Juli 1918 in Dinard ein, um Christiane einen Heiratsantrag zu machen. Er verpasst sie knapp. Die Herrschaften seien bis zum späten Abend auf Chausey, bedauert ein Angestellter. Renault hat die 23-jährige Christiane Boullaire erst zwei Monate vorher bei einer Partie Tennis kennengelernt. Doch er hat niemals Zeit zu verlieren, besonders jetzt, da er mit 41 Jahren einer der reichsten und mächtigsten Männer Frankreichs ist, aber noch keinen Erben für sein Firmenimperium mit mehr als 20 000 Mitarbeitern hat.

Den ganzen Tag hat er auf ihre Rückkehr gewartet. Und dabei zum ersten Mal den gewaltigen Kräften zugesehen, die das Meer hier hat. Der Unterschied zwischen Hoch- und Niedrigwasser ist im bretonischen Dinard fast so groß wie in der benachbarten Bucht von Mont-Saint-Michel, wo mit 14 Metern der größte Tidenhub Europas herrscht. Die Geschwindigkeit, mit der das Wasser auf- und abläuft und die Landschaft verändert, beeindruckt Renault, er ist mit seiner Yacht „Chryséis" bislang nur auf Flüssen unterwegs gewesen. Noch stärker wirkt das Naturschauspiel auf ihn ohne das Hintergrundrauschen des mondänen Seebads Dinard in der Einsamkeit des Chausey-Archipels. ➢

Als das Ehepaar Renault im Sommer 1920 zum ersten Mal mit der „Chryséis" hier einläuft und der Kapitän den Motor abstellt, geschieht etwas ganz und gar Untypisches: Renault – der Macher, der Chef, dessen Ungeduld nicht selten in schäumende Wut umschlägt – bleibt minutenlang an Deck sitzen und saugt die Kulisse in sich auf. Wie versteinert sei er gewesen, erzählt Christiane Renault später, er habe sich von dem Anblick nicht losreißen können. Schnell ist klar, dass Renault hier ein Haus bauen möchte. Doch wieder kommt er zu spät. Anderthalb Jahre zuvor hat Léonie Hédouin, die letzte Erbin des Archipels, das Land an drei Stammgäste verkauft. Ihre Bedingung: Die neuen Besitzer müssen eine Immobiliengesellschaft gründen, die die Insel in den kommenden 20 Jahren nicht veräußern dürfe. Auch große Bauvorhaben sind nicht erlaubt.

So stößt Louis Renault erst einmal auf Widerstand, als er sich wegen eines Feriendomizils umhört. Aber natürlich gibt er nicht auf. Er ist es gewohnt, ein Stück Land einfach zu kaufen, wenn es ihm gefällt. So hat er es auch in Herqueville gemacht, dem Dorf an der Seine, das er 1905 bei einer Ausfahrt mit der „Chryséis" vom Schiff aus entdeckte. Das Rathaus, das ihm im Weg stand, ließ er abreißen und an anderer Stelle wieder aufbauen.

Am Ende ist es immer sein Geld, das Bürgermeister, Behörden und Anwohner überzeugt. So ist es auch bei den neuen Besitzern von Chausey. Die Anteilseigner der 1919 gegründeten Immobiliengesellschaft SCI müssen dringend Häuser renovieren, außerdem hohe Steuern zahlen. Im Herbst 1921 wird Renault als Anteilseigner aufgenommen. Vermutlich hatte er da schon längst angefangen, seine Villa zu planen. Ihm schwebt ein ähnliches Anwesen wie in Herqueville vor, ein Schloss mit Fachwerk, Treppengiebeln und Mauern. Doch die von Léonie Hédouin vorgegebenen Regeln lassen einen solchen Prunkbau nicht zu. „Im Grunde", sagt Jean-Michel Thévenin, „haben wir es ihr zu verdanken, dass Chausey noch immer so ursprünglich ist." Bis heute gehören 90 Prozent der Hauptinsel, 45 Hektar, und alle anderen Inseln im Archipel der SCI, vier Hektar verwaltet der Staat. Keine Hotelkette, kein Spa hat es jemals auf die Insel geschafft.

Gerade, als es so aussieht, als überwerfe sich Renault mit den anderen Aktionären wegen seiner Vorstellungen, hat Marin-Marie Durand, Sohn des Anteilseigners Jules Durand, eine Idee. „Warum bieten wir ihm nicht das alte Fort an?", fragt der 21-Jährige. „Von der Größe würde es zu seinen Plänen passen." 200 Soldaten lebten einst in der Festung, die Henri II. Mitte des 16. Jahrhunderts bauen ließ. Sie sollten hier Ausschau nach anrückenden Engländern halten. Dreimal wurde das Fort zerstört; Renault könnte die zerfallenen Mauern nun erneut aufbauen – wenn er auf den Vorschlag eingeht. Und tatsächlich: Die Idee weckt sofort seine Vorstellungskraft. Dafür reaktiviert er den alten Steinbruch im Süden der Insel. 4400 Tonnen Granit und insgesamt 23 Millionen Franc wird das Château Renault am Ende verschlingen. Nur 14 Monate nach dem ersten Spatenstich, im April 1924, ist alles fertig, inklusive einer modernen Heizung, die Renault selbst konstruiert hat. Einen anderen Steinbruch unter dem Fort lässt er in ein Meerwasserschwimmbad umbauen, das bei Hochwasser geflutet wird. Er entwickelt dafür ein spezielles Ventil, damit das Wasser wieder ablaufen kann. Weiter unten am Meer steht eine weitere Erfindung: eine kleine Müllverbrennungsanlage, deren Klappe sich per Fernbedienung öffnet, um die Asche zu entsorgen.

Wie ein Lustschloss wirkt das Château Renault trotz all dieses Komforts nicht. Es ist ein mächtiger Quader aus grauem Stein, die wenigen Fenster wirken winzig. An der Nordseite gibt es einen viereckigen Ausguck, im Süden schützen hohe Mauern einen Garten vor Blicken. Eine Trutzburg, schlicht und wenig einladend. Sie passt zur spröden Art des neuen Burgherrn und zu dem Archipel aus zerfurchtem Granit, diesem Hort des Widerstands gegen die Engländer, das grimmige Gegenstück zum eleganten Granville auf dem Festland, zu dem der Archipel gehört.

Renaults Enkeltochter, Hélène Renault-Dingli, meint, ihr Großvater habe sich zu Chausey so hingezogen gefühlt, weil es dort leichter für ihn war, er selbst zu sein. „Er hat sich in der Einsamkeit der Umgebung wiedergefunden und auch in den Menschen, denn die Leute dort sind eher für sich", sagt die 62-Jährige. Und: Ohne die ständigen Anforderungen der Fabrik in Billancourt oder seines Landwirtschaftsbetriebs in Herqueville kann er in Ruhe an neuen Ideen arbeiten.

Sein Tatendrang fällt auch den Nachbarn auf. Ein Fährkapitän weiß damals Inselbesuchern zu berichten: „Wenn alle Arbei-

Links **Christiane und Louis Renault mit Sohn Jean-Louis.**
Rechte Seite **Renaults Segelyacht „Briséis"**

ter ihren Tag beendet haben, sieht man links am Schloss bis Mitternacht Licht. Da liegt die Werkstatt des Chefs, der dort noch an der Drehbank oder am Amboss steht. Und morgen wird er als Erster aufstehen, ganz zu schweigen davon, dass er nachts in seinem Bett Skizzen angefertigt hat. Wenn du morgens sein Zimmer betrittst, liegen Notizblöcke über sein ganzes Bett verteilt. Er ist die Arbeit in Person." Manchmal hilft Renault Fischern bei Bootsreparaturen, und um die Stille des Archipels nicht zu stören, baut er in seine neue Yacht „Briséis" einen Elektromotor ein, der aus einem Transportwagen seiner Fabrik stammt.

Außer einer Schiffshalle, die er gegenüber dem Fort errichten lässt, hat Renault im Schloss einen kleinen Werkraum, darin eine Drehbank, ein Amboss und eine Holztafel für Werkzeuge, auf der Umrisse genau zeigen, wo jedes Stück hingehört. Wenn Christiane zu seinem Verdruss Gäste nach Chausey einlädt, müssen diese oft ohne ihn mit dem Diner anfangen, manchmal taucht er dann im Arbeitsanzug und mit ölverschmierten Händen auf. Und wenn ihm einfällt, dass er noch eine Steckdose reparieren muss, verlässt er die Tafel einfach wieder.

Bei den Insulanern scheint er sich wohler gefühlt zu haben. Während er sich mit den Gewerkschaften erbitterte Arbeitskämpfe liefert – mancher in seiner Fabrik nennt ihn „den Blutsauger von Billancourt" –, baut der Selfmadeingenieur zu einigen Fischern auf Chausey eine fast freundschaftliche Beziehung auf. „Sie sprachen dieselbe Sprache", sagt Hélène Renault-Dingli. „Wenn Louis Renault sich beeindrucken ließ, dann davon, dass jemand gute handwerkliche Fähigkeiten hatte." Jean-Michel Thévenin sagt: „Mein Großvater hat erzählt, dass er sehr fröhlich und herzlich sein konnte, wenn sie zusammen zum Fischen hinausfuhren. Auch meine Großmutter mochte ihn. Er kam manchmal zur Tür herein, sah, dass sie einen Topf auf dem Herd hatte, und setzte sich an den Tisch."

Christiane bringt ihm *pêche à pied* bei, das Sammeln von Meeresfrüchten bei Ebbe. In diesen Momenten, ohne Schuhe, mit hochgekrempelter Hose, sei Renault beinahe ein echter *chausiais* gewesen, sagt Thévenin. „Die erkennt man daran, dass sie immer barfuß laufen." Schuhe anziehen zu müssen, das war für Thévenin das Schlimmste, als er mit sieben Jahren nach Granville zog, um dort zur Schule zu gehen.

Heute ist Granville seine Zuflucht, wenn im Sommer an manchen Tagen 2000 Touristen auf seine Insel kommen. Während der anderen acht Monate lebt er auf Chausey, einer von fünf Dauerbewohnern, die auch im Winter bleiben. Dann sind das kleine Hotel und der einzige Laden geschlossen, die Fähre kommt nur noch mittwochs und samstags. Nirgendwo auf der Welt könne man so frei sein wie hier, meint Thévenin. Mit Jean-Louis Renault habe er nicht tauschen wollen, dem 1920 geborenen Sohn von Louis Renault. Weil der Vater fürchtete, dem einzigen Nachkommen könnte etwas zustoßen, durfte er nie ohne Begleitung eines Kindermädchens oder Hauslehrers irgendwo hingehen, keine Schule besuchen, nicht mit den Kindern von Chausey spielen.

1944 stirbt Louis Renault unter bis heute ungeklärten Umständen in einem Militärkrankenhaus, nachdem er ohne einen Prozess wegen seiner Zusammenarbeit mit der deutschen Wehrmacht festgenommen wurde. Christiane Renault war nach ihren Besuchen bei ihrem inhaftierten Mann sicher, er sei misshandelt, ja umgebracht worden. Kurz darauf wurde der Konzern verstaatlicht. Bis heute sei Louis Renault ein rotes Tuch für die französische Linke, sagt Hélène Renault-Dingli.

Jean-Louis Renault ist nach seinem letzten Besuch 1943 nie wieder nach Chausey zurückgekehrt. Der Tod des Vaters und die Last, Sohn eines der meistgehassten Männer Frankreichs zu sein, sei traumatisch für ihn gewesen, erzählt seine Tochter. „Niemals, wirklich niemals hat er mit uns Kindern über seinen Vater gesprochen."

Silvia Tyburski, Jahrgang 1976, war überrascht zu erfahren, dass Renault meist mit dem Rad zur Arbeit fuhr und er für den Transport seiner Arbeiter Elektrobusse einsetzte. Zur vertiefenden Lektüre empfiehlt sie das Buch „Louis Renault et Chausey" von Jean-Michel Thévenin, Éditions Aquarelles, Canisy, 2013.

STÖRANFÄLLIG

Wilder Stör darf nicht gefangen werden. Gut so, aber woher soll der Kaviar kommen? Das Hamburger Kaviarhaus Dieckmann & Hansen zieht die Fische jetzt in Schleswig-Holstein groß

Text: Michael Dietrich Fotos: Achim Multhaupt

WIE FASZINIEREND DIESE Stunden doch waren! Damals, als der fünfjährige Christian an regentrüben Tagen seine selbst aufgezogenen Fische im Aquarium beobachtete, Schleien, Grundeln und Stichlinge. Seinen Kopf auf beide Hände gestützt, sah er sie durch Gräser wandern, in Höhlen aus Stein verschwinden oder an der Wasseroberfläche Futter fressen.

Heute ist Christian Zuther-Grauerholz 57 Jahre alt und studierter Agrarwirtschaftler. Als einer von zwei Geschäftsführern leitet er den Kaviarproduzenten Dieckmann & Hansen, 1869 gegründet, mit Sitz in Hamburg. Sein Job: Tausende Störe erst über mehrere Jahre aufziehen und beobachten, um deren Eier dann als Kaviar zu verkaufen.

Gerade steht er, in Jägerkluft mit Filzhut auf dem Kopf, am Rand eines Quellenteichs im Aukruger Naturpark, inmitten Schleswig-Holsteins. Mit Schwung wirft Zuther-Grauerholz ein Thermometer in den runden Weiher und zieht es wieder heraus: 12,8 Grad Celsius. Hinter seinem Rücken dehnt sich hügeliges Weideland. Und ein glasklares, 20 mal fünf Meter großes Becken mit Sandboden. Der vom Quellgewässer gespeiste Teich misst 13,3 Grad. „Kalt genug. Wir können die Störe umsetzen!", ruft Zuther-Grauerholz seinem Sohn Willi zu. Willi, 23 Jahre alt und ein Bär von einem Mann, nickt aus 100 Meter Entfernung von einem grünen Fendt-Traktor herab.

Immer dieses Umsetzen, dazu noch in dieser so fremden Umgebung. Stress für die Störe! Ihr eigentliches Zuhause nämlich liegt weit ab vom Aukruger Nationalpark. Ihre Heimat ist das Kaspische und das Schwarze Meer, das Wolga- und das Donaudelta, wo sie normalerweise laichen, seit 250 Millionen Jahren schon. Störe sind nach den Haien die ältesten Fische der Weltmeere. Sie haben Dinosaurier kommen und gehen sehen, Eiszeiten überlebt und möglicherweise gestaunt, als der Affe zum Menschen mutierte.

Auf ihre delikate Fracht, einst ein Armeleuteessen, aufmerksam wurden französische Köche zuerst am russischen Hof, wo man das Korn während üppiger Bankette servierte. Begonnen hat die große Gier auf das „schwarze Gold" Mitte des 18. Jahrhunderts. Heute, nach der Überfischung der Störe und dem weltweiten Wildfangverbot von 2009 wird Kaviar nur noch von Tieren aus Zuchtanlagen gewonnen. Wie bei Zuther-Grauerholz im Aukruger Naturpark.

„Okay, umsetzen!", ruft Willi einen Teich weiter weg. Der Bär schleudert ein Riesennetz über die Hälfte des Wassers und zieht es zusammen. Die Oberfläche beginnt zu brodeln. Hier ein Schwanz, dort ein Kopf, dazwischen meterlange, grau glänzende Rücken und gelblichweiße Bäuche, sichtbar nur für Sekundenbruchteile. Nach einer Dreiviertelstunde schwimmen sie im Container auf einem roten Nissan-Geländewagen, der nun langsam zum klaren Sandbodenteich rollt. Dort öffnet Willi eine Klappe am Stahlbehälter, die Tiere sprudeln mitsamt ihrem Lebenselixier der neuen Heimat entgegen. Zuther-Grauerholz: „Umgesiedelt haben wir die fast schon schlachtreifen Fische, damit deren Eier bei nun 13 Grad stabil bleiben. Nebenbei verflüchtigt sich im klaren Quellwasser auch noch unerwünschter Beigeschmack."

Zwei Wochen später in Hamburg, bei Dieckmann & Hansen. Im Erdgeschoss des rot geklinkerten Firmensitzes fällt fahles Neonlicht auf hellen Betonboden. Darauf stehen sieben Edelstahltische. Zwischen ihnen: Christian Zuther-Grauerholz, im weißen Kittel und Netzteil überm vollen Haar, und zwei Mitarbeiterinnen. Die Frauen reiben die Ovarien, die Eierstöcke, der vor zwei Monaten umgesetzten Osietrastöre über Siebe. Unten kullern die wertvollen Eier in Edelstahlschalen, je Tier etwa zehn Prozent ihres Eigengewichts. Die Mitarbeiterinnen spülen jetzt den Rogen vier-, fünfmal über einem Sieb mit klarem Wasser und vermengen ihn zur Haltbarmachung mit Lüneburger Salz. Anschließend reift er in 1,8-Kilogramm-Blechdosen mehrere Wochen lang bei minus vier Grad im Kühlhaus.

Dieckmann & Hansen verkauft Kaviar auch vom Beluga- oder vom Sibirischen Stör, aber dem Chef mundet der Osietra am besten: an Meerwasser erinnernd und ein wenig nussig. „Schon immer mein Favorit."

Kaviar-Eier

Zubereitung (für vier Personen)
4 gut geputzte Eier mit einem kleinen Brotmesser am oberen Viertel aufschneiden, den Inhalt in eine Schale geben und mit 80 g Sahne und einem viertel Bund fein gehacktem Schnittlauch verquirlen. Mit Salz, Cayennepfeffer und Zitrone abschmecken. Die Masse in der Pfanne bei moderater Hitze cremig rühren, in die verbliebenen (großen) Eierschalen füllen und mit „Kaviar satt" krönen. Bestens geeignet, um den Tag in aller Eleganz zu begehen.

Zu kaufen gibt es den Kaviar von Dieckmann & Hansen in der Niederlassung in der Großen Elbstraße 210 in Hamburg, in den Filialen der Gastrokette Nordsee, über das Fischunternehmen Deutsche See oder online unter www.dieckmann-hansen.com.

Oben **Christian Zuther-Grauerholz bei den Zuchtteichen in Schleswig-Holstein**

Links **Je nach Sorte ist der Kaviar bis zu 3,5 Millimeter groß und schimmert von Grau über Gelbbraun bis Schwarz**

Rechts **Schick in Schale geworfen. So edel kann Essen aus der Dose sein**

Jahresabo

Das Jahresabo kostet im Jahr 67,50 € und ist nach einem Jahr jederzeit kündbar. Sie dürfen sich aus allen bereits erschienenen Heften 3 gratis aussuchen, die Ihnen gleich zugeschickt werden. Die Übersicht finden Sie auf Seite 122/123. Den Bildband und/oder den Kalender können Sie einfach zum Sonderpreis mitabonnieren.

Der **mare**-Kalender

Die ganze vielfältige Schönheit des Meeres – in 12 magischen Bildern gebannt.
Format: 82 mal 58 Zentimeter.
Im Abonnement zahlen Sie für den Kalender nur 40 € statt 49 €.
Alle Monatsmotive finden Sie online unter www.mare.de/mare-shop/kalender.

Geschenkabo

Das Geschenkabo kostet 67,50 € im Jahr. Mit der in diesem Heft beiliegenden Geschenkabo-Karte können Sie mare-Hefte und den Bildband und/oder Kalender auch praktisch verschenken. Ein Dankeschön in Form eines mare-Handtuchs wählen Sie auch gleich auf der Karte.

Der **mare**-Bildband „Hongkong“

von Palani Mohan.
Mit einem Text von Jan Keith.
Format: 30 mal 26 Zentimeter, 132 Seiten.
Im Abonnement zahlen Sie für den Bildband nur 49 € statt 58 €.

Walprogramm

Wissenschaftler arbeiten gerade daran, mithilfe der KI die Klicklaute von Pottwalen zu entschlüsseln. Können wir bald mit den Tieren sprechen?

Von Ute Eberle

POTTWALE LEBEN SEIT MEHR ALS 20 MILLIONEN JAHREN AUF DER ERDE. WAS WÜRDE ES FÜR DIE WELT BEDEUTEN, KÖNNTEN WIR ENTSCHLÜSSELN, WAS DIESE MEERESSÄUGER KOMMUNIZIEREN?

Vorherige Doppelseite **Die Pottwalnase ist so groß wie ein Mittelklasseauto.** *Rechte Seite* **Auch die Fluke wird gut fünf Meter breit**

POTTWALE HABEN DAS größte Gehirn in der Natur. Mit rund acht Kilogramm ist es sechsmal gewichtiger als ein Menschenhirn. Aber das eigentlich Beeindruckende an einem Pottwal ist seine Nase. Lang wie ein Mittelklassewagen und circa sechsmal schwerer, enthält sie gut zehn Badewannenfüllungen einer Substanz, die so schmierig ist, dass die frühen Walfänger glaubten, es handele sich um das Sperma des Tiers.

Tatsächlich macht die ölige Masse die Nase des Pottwals zum mächtigsten Akustikorgan der Welt. Wenn Pottwale im Schwarz der Tiefsee jagen, lokalisieren sie ihre Beute, indem sie Schallwellen ausstoßen, die bis zu 230 Dezibel erreichen. Zum Vergleich: Ein Presslufthammer dröhnt mit 100 Dezibel, ab 150 Dezibel droht unser Trommelfell zu platzen.

Doch wenn Shane Gero „seine" Pottwale beobachtet, tummeln sich die Tiere an der Oberfläche, wo sie weit weniger martialisch klingen. Gero, ein Meeresbiologe an der Carleton University im kanadischen Ottawa, studiert seit 20 Jahren die Pottwale, die rund um die Karibikinsel Dominica leben. Häufig schwimmen die Wale dort in kleinen Grüppchen, stupsen sich gegenseitig, reiben sich aneinander oder beknabbern sich zart. Dabei hört Gero oft Serien von vergleichsweise sanften Klicks, die erkennbar bestimmten Mustern folgen. „Die häufigste Abfolge in der Karibik ist 1+1+3", sagt Gero. Also klick ... klick ... klick-klick-klick.

Dazwischen produzieren die Wale längere und kürzere Sequenzen, auch Codas genannt, die sich manchmal überlagern. Aber typischer ist, dass ein Wal klickt, eine kurze Pause folgt und dann ein anderer Wal klickt. Einmal lauschte Gero von seinem Boot, wie zwei Walkälber 45 Minuten lang Codas austauschten. „Da hat man schon schnell das Gefühl, dass das mehr ist als zufällige Geräusche."

Handelt es sich bei dem Knacken um eine Sprache? Gero und andere Forscher haben beobachtet, dass verschiedene Pottwalgruppen unterschiedliche Klickrepertoires haben. Pottwale verbringen ihre Zeit mit Artgenossen, die ähnliche Knacklaute produzieren wie sie selbst. Und sie gehen jenen aus dem Weg, die andere Codas klicken. Ein Pottwalbaby braucht gut zwei Jahre, bevor es den spezifischen Knackdialekt seiner Gruppe meistert. „Vorher brabbelt es", so Gero.

Er ist der biologische Leiter eines Projekts, das untersucht, ob es sich bei den Codas tatsächlich um eine Sprache handeln könnte. Forscher haben auch früher schon Tierkommunikation studiert, etwa die Rufe von Affen, das Fiepen von Mäusen und den Gesang von Vögeln. Doch nie zuvor haben so viele verschiedene Experten gemeinsam versucht, die Kommunikation einer einzigen Tierart zu entschlüsseln – noch dazu einer Spezies, die bereits Jahrmillionen länger auf der Erde lebt als der Mensch. Aus Israel, Italien, der Karibik, Großbritannien und Nordamerika haben sich Meeresbiologen, Lin-

Lesen Sie bitte weiter auf Seite 62

Eine Versammlung Hunderter Pottwale vor der Küste Sri Lankas im Indischen Ozean

Rechte Seite **Pottwale schlafen senkrecht nahe der Wasseroberfläche und haben dabei ihren Kopf oben**

guisten, Robotikexperten, Unterwasserakustiker und – ganz zentral – Fachkundige für Künstliche Intelligenz (KI) zur Wal-Übersetzungsinitiative CETI (Cetacean Translation Initiative) zusammengetan. Kollektiv wollen sie einen Traum erfüllen, den die Menschen schon lange hegen: zu verstehen, was Tiere sagen.

Pottwale leben seit mehr als 20 Millionen Jahren auf der Erde. Oder wie Gero gern sagt: „Pottwale waren schon Pottwale, als der Mensch noch auf allen Vieren ging." Was würde es für die Welt bedeuten, könnten wir entschlüsseln, was diese Meeressäuger kommunizieren?

Jahrhundertelang jagten die Menschen Pottwale. Aus ihrem Speck und der öligen Nasensubstanz – bis heute Spermazeti genannt – fertigte man Brennstoff für Straßenlampen und Leuchttürme, aber auch Kerzen, Salben und Maschinenöl. Noch Anfang der 1970er-Jahre nutzten manche US-Autohersteller Spermazeti im Getriebeöl.

Anders als andere Walarten wehren sich Pottwale gelegentlich. So basiert Herman Melvilles Weltroman „Moby Dick" auf einem Vorfall, bei dem ein Pottwal ein Walfangschiff angriff und versenkte. Dennoch dezimierten die Jäger die Population der Tiere von einst knapp zwei Millionen um mehr als die Hälfte.

Dass Pottwale Laute von sich geben, erkannten Wissenschaftler erst 1957. „Als wir das Klicken hörten, dachten wir, das klingt wie Morsezeichen", sagt Hal Whitehead, Walforscher an der Dalhousie University in Halifax, Kanada. „Natürlich legte das sofort die Vermutung nahe, dass die Klicklaute eine ähnliche Funktion haben könnten. Dass sie ausdrücken ‚Lass uns tauchen' oder ‚Hier entlang'."

Pottwale produzieren ihre Klicks, indem sie Luft durch eine Röhre in ihrer Nase schleusen und mit inneren Lippen Schallwellen erzeugen, die sich in Kammern entlang des Spermazetis verstärken. Die Meeressäuger jagen viele Stunden am Tag allein nach Tintenfischen, ihre Hauptnahrung. Dabei tauchen sie oft zwei Kilometer tief und halten eine Stunde die Luft an. Doch abseits der Jagd leben zumindest die Weibchen gesellig. In kleinen Gruppen ziehen Mütter und Großmütter durchs Meer, beaufsichtigen gegenseitig die Kälber und verteidigen sie gegen gelegentliche Angriffe von Killerwalen.

Verschiedene Pottwalgruppen pflegen dabei unterschiedliche Lebensgewohnheiten. Manche jagen größere Tintenfische, andere kleinere, manche ziehen geradlinig durchs Meer, andere schwimmen zickzack. „Bestimmte Schulen von Pottwalen haben eine designierte ‚Amme', die alle Babys säugt, deren Mutter auf Tauchgang ist. Andere nehmen individuelle Babysitter", sagt Gero.

Die Gruppen leben in losen Verbänden mit anderen Geschwadern, die dem gleichen Verhaltenskodex folgen. Diese übergreifenden „Clans" umfassen zum Teil Tausende Wale, die nicht unbedingt genetisch verwandt sind. Aber sie haben stets eins gemeinsam: Sie klicken die gleichen Codas. Also vielleicht klick ... klick ... klick-klick-klick. Oder klick-klick ... klick ... klick-klick.

Vor sechs Jahren lauschte der Meeresbiologe David Gruber solchen Codas in seinem Büro am Radcliffe Institute der Harvard University, als zufällig Shafi Goldwasser vorbeikam. Das Institut beherbergt Forscher verschiedener Fachbereiche, und Goldwasser ist eine Expertin für Kryptografie. Sie scherzte, dass die so morseähnlichen Klicklaute etwas für die Kryptologen sein könnten. Bald hatten Gruber und Goldwasser einen ebenfalls im Institut weilenden Maschinenlernexperten für die Idee gewonnen, und mittlerweile haben sich Forscher von gut einem Dutzend Institutionen dem Projekt CETI angeschlossen.

Gefördert mit Geldern unter anderem der TED-Talks-Initiative und der National Geographic Society, verwandelt CETI derzeit ein etwa 20 Quadratkilometer großes Meeresgebiet vor Dominica in ein Ton- und Filmstudio für Pottwale. Von Bojen hängen dort Unterwassermikrofone an langen Ketten bis zu mehr als einen Kilometer tief ins Meer und nehmen rund um die Uhr die Klicks der Wale auf. Immer wieder fliegen Drohnen über die Wellen, die filmen, was die Wale tun.

Die Robotikexperten haben eine Art künstlichen Fisch gebaut, der die Wale unter den Wellen beobachten kann. Und Gero und seine Kollegen befestigen immer wieder von Booten aus Sonden mit Saugnäpfen direkt an den Dominica-Pottwalen. Die Sonden haften für acht Stunden an den Tieren, ehe sie sich lösen und aus dem Meer geborgen werden können. Sie messen die Herzfrequenz des Wals und filmen einzelne Tiere, während sie jagen oder schlafen.

Die Masse an Daten wird an die KI-Experten im Team weitergereicht. Die Maschinenintelligenz soll nach Mustern in den aufgenommenen Knacklauten suchen, die vielleicht eine Funktion ähnlich wie Wörter übernehmen könnten.

Für Menschen allein ist diese Aufgabe viel zu komplex. In den vergangenen 20 Jahren haben Gero und sein Team 100 000 Klicklautsequenzen aufgenommen und rudimentär ausgewertet. Dabei fielen ihnen rund 25 verschiedene Codas auf, die immer wieder auftauchen. Aber „für jede Minute an Klicklautaufnahmen brauchten wir zehn Minuten, um sie zu annotieren", so Gero.

Das Projekt CETI hofft, mindestens eine Milliarde Knacklaute aufzunehmen und auszuwerten, also zehntausendmal mehr. Und schon jetzt entdecken die Maschinen in Geros eher winzigem Datensatz Muster, die den Menschen bisher entgangen waren, darunter subtile Änderungen in Rhythmus und Frequenz. Bedeuten diese Muster etwas?

Im Idealfall hat die KI irgendwann so viele Pottwalcodas verarbeitet, dass sie deren Bedeutung, vorausgesetzt, sie haben eine, übersetzen kann. Gelingen könnte dies mit einem Trick, den die KI einsetzt, um aus Menschensprachen, die ihr fremd sind, zu dolmetschen.

Die Maschinen verwandeln dazu die Ausgangs- und Zielsprache in geografische Gebilde, eine Art vieldimensionale digitale Wolke, die jedes Wort, basierend auf seiner Verteilung in der Sprache, in eine räumliche Beziehung zu anderen Wörtern setzt. Würde man etwa alle Wörter der deutschen Sprache entsprechend sortieren, würde „Kuh" irgendwo neben „Kalb" landen und auch recht nah an „Tier", aber weit weg von „Himmel" oder „Gangschaltung". Überraschenderweise hat sich ge-

Sie verständigen sich mit Klicklauten und tauschen Codas aus. Handelt es sich dabei um eine Sprache?

Giganten unter sich: Pottwale werden bis zu 20 Meter lang und 50 Tonnen schwer

zeigt, dass selbst ganz unterschiedliche Sprachen wie Deutsch und Nepali ähnlich geformte Wolken bilden. Um zu übersetzen, muss die KI damit quasi nur die Wörter aufsuchen, die in beiden Sprachen die gleichen „Koordinaten" einnehmen.

Allerdings leben Pottwale in einer für Menschen völlig fremden Realität. Sie schwimmen die meiste Zeit in Meerestiefen, die so dunkel sind, dass sie sich nur über Schall orientieren können. Sie haben keine Hände, um zu greifen, sind unfähig zu riechen und schmecken allein die Komponente „salzig". Denkbar ist also, dass ihre vokale Wolke eine ganz andere Form hat. Oder wie es Tom Mustill, Autor des Buchs „Die Sprache der Wale", ausdrückte: „Wie fragt man einen Pottwal, ob er nass ist?"

CETI-Projektleiter Gruber glaubt dennoch, dass es Aspekte gibt, die Wal und Mensch teilen. „Phänomene wie die Geburt von Babys oder die Nahrungsaufnahme – damit werden wir anfangen." Dank der Filmaufnahmen, die Drohnen und Unterwasserroboter machen, hoffen die CETI-Forscher, die Knacklaute in den richtigen Situationskontext einordnen zu können. Auch Gero, der Dominica-Walexperte, hofft, dass es gelingt, genug kommunikative „Steine" zu finden, um „eine Brücke" zu den Tieren zu bauen.

Im Jahr 1970 veröffentlichte ein Biologe namens Roger Payne eine Schallplatte mit Gesängen von Buckelwalen. Für die meisten Menschen war es das erste Mal, dass sie einen Wal hören konnten. Und für viele wurde das zu einer Offenbarung.

Die kommerzielle Waljagd war damals noch im Gang. Jährlich erlegten Walfänger Zehntausende der Tiere. Doch Paynes Platte wurde zum Soundtrack der „Rettet die Wale"-Bewegung. 1982 rief die Internationale Walfangkommission ein Moratorium auf die Jagd nach Großwalen aus, das 1986 in Kraft trat – und dürfte etliche Arten vor der Ausrottung bewahrt haben.

Als CETI vor vier Jahren seine Arbeit aufnahm, schloss sich auch Payne dem Projekt an. Wie viele Mitglieder des Teams hoffte er, dass die Initiative zu einem besseren Naturschutz führen würde. „Wenn wir Tieren Fragen stellen und Antworten bekommen könnten – selbst nur ganz einfache Fragen und Antworten –, könnte das die Welt vielleicht dazu bringen, die rasante Lebenszerstörung zumindest einzudämmen", schrieb der 88-Jährige kurz vor seinem Tod im Juni 2023 in einem Leitartikel. „Es ist Zeit, dass wir wieder den Walen lauschen."

Selbst wenn es CETI nicht gelingen sollte, die Kommunikation der Wale zu entschlüsseln – oder falls sich herausstellt, dass die Klicklaute keine inhaltliche Bedeutung haben –, sei dies nicht als Misserfolg zu werten, findet Gruber. Zum einen lassen sich die KI- und Bioakustikinstrumente, die CETI entwickelt, auch für andere Tierarten einsetzen. Zum anderen könnte allein der Versuch, sich mit den Tieren zu verständigen, mehr Naturverbundenheit in der Welt bewirken.

Vielleicht, sagt Gero, werden es die Menschen nie schaffen, die Welt aus der Perspektive eines Wals zu sehen, „selbst wenn wir 200 Jahre daran arbeiten. Aber es ist die Herausforderung wert".

Ute Eberle, Jahrgang 1971, freie Wissenschaftsjournalistin in Baltimore, USA, staunt über einen Fakt, den sie bei dieser Recherche gelernt hat: Die Menge an Tintenfischen, die Pottwale jedes Jahr gemeinsam fressen, entspricht der gesamten Fangmenge an allen Fischen der modernen Fischerei.

INSPIRIERT VOM MEER
Wie duftet die charaktervolle mediterrane Levante? Und was liegt in der Luft, wenn in der Normandie Atlantikwellen auf sandige Steilküsten stoßen? Der Duft der Meere ist für uns mehr als nur ein Geruch. Er ist eine Stimmung, ein Gefühl, ein Versprechen.
Beide Düfte kreierte Geza Schön, einer der herausragenden Parfumeure der Welt, gemeinsam mit mare – ausschließlich unter Verwendung hochwertiger Naturessenzen.
eau du levant
créateur mare
la plage de paris
créateur mare
Kaufen Sie jetzt beide Düfte zusammen zum Preis von 200 Euro (Einzelpreis 125 Euro).
Das Angebot gilt nur beim Kauf im mare-Webshop, den Sie unter www.mare.de/duefte erreichen.
créateur mare

Alles Berechnung

Künstliche Intelligenz beschleunigt die Bestimmungsarbeit in der Meeresforschung um das 1000-fache und erkennt Muster in den Datenströmen, die uns Menschen nie auffallen würden. Beginnt jetzt eine neue Ära in der Wissenschaft?

Text: Tim Schröder
Illustrationen: Jörn Kaspuhl

Im Projekt PlasticObs ortet die KI vom Flugzeug aus Plastikmüll am Strand. Sie kann sogar die Plastiksorte bestimmen

Wenn Arjun Chennu in Korallenriffen tauchen geht, dann hat er einen großen Apparat dabei. Mit langsamen Flossenschlägen gleitet er voran und schiebt das Gestell von der Größe eines Kaffeeautomaten vor sich her. Im Fuß des Geräts sitzt eine Kamera, die im Vorübergleiten Korallen, Schwämme, Algen und Bakterienrasen ablichtet. Chennu ist damit schon viele hundert Stunden in den Korallenriffen vor den Küsten Curaçaos, Papua-Neuguineas und Polynesiens getaucht, um Momentaufnahmen zu machen, um festzuhalten, welche Tiere und Pflanzen dort leben – und um später vergleichen zu können, ob sich die Bewohnerschaft der Riffe mit dem Klimawandel verändert.

Die meiste Zeit aber steht der Apparat in Einzelteile zerlegt in zwei schwarzen Kunststoffkisten in Chennus Büro im Leibniz-Zentrum für Marine Tropenforschung in Bremen. Denn das Tauchen ist nur ein kleiner Teil seiner Arbeit. Chennu ist Physiker. Er hat sich auf die automatische Analyse von Unterwasseraufnahmen spezialisiert. Mit seinem Tauchapparat, dem „Hyperdiver", schieße er die Bilder, sagt Chennu. Die eigentliche Arbeit aber beginne erst, wenn sein Team wieder zurück in Bremen sei.

Zusammen mit seinen Mitarbeitern arbeitet er an Verfahren der Künstlichen Intelligenz (KI), die in Bildsequenzen Korallen, Schwämme und andere Lebewesen mit hoher Trefferquote identifizieren. Am Ende entstehen daraus Karten, auf denen die Riffe mitsamt ihren Bewohnern dargestellt sind. „Natürlich gibt es erfahrene Biologen, die die verschiedenen Arten bestimmen können – doch dauert diese Bildanalyse von Hand extrem lange. Zudem muss man verschiedene Fachleute zusammenholen, die auf die verschiedenen Tier- und Pflanzengruppen spezialisiert sind", sagt Chennu. „Weltweit sind bis heute weniger als ein Prozent der Riffe überhaupt kartiert. Wir kennen also noch nicht einmal den aktuellen Zustand der Riffe. Wie wollen wir dann einschätzen, wie sich die Situation in den kommenden Jahren verändert?" KI könne die Bestimmungsarbeit mehr als 1000-mal schneller machen, sagt er, und helfen, die Korallenriffe regelmäßig zu kontrollieren.

Chennus Arbeit beginnt mit den Aufnahmen im Korallenriff. Der Hyperdiver lichtet die Riffe mit einer Hyperspektralkamera ab. Anders als herkömmliche Kameras nimmt sie nicht nur rotes, grünes und blaues Licht wahr, sondern alle Wellenlängen des Lichts, quasi alle Farben des Regenbogens – und noch dazu infrarotes und ultraviolettes Licht, das Menschen gar nicht sehen können. Viele Lebewesen im Riff erscheinen im roten, grünen und blauen Licht betrachtet eher farblos, leuchten aber beispielsweise im ultravioletten Licht hell auf. Das hilft dem Computer, die verschiedenen Arten voneinander zu unterscheiden.

Für ihre Analysen setzen die Bremer Rechenverfahren des „Maschinellen Lernens" ein, die stets nach einem ähnlichen Muster arbeiten. Im ersten Schritt werden sie trainiert. Dazu füttert man den Computer mit Bildern und teilt ihm zugleich mit, was darauf zu sehen ist – etwa eine bestimmte Korallen- oder Schwammart. Dafür sind Hunderte von Aufnahmen nötig, die das Objekt aus verschiedenen Winkeln und bei unterschiedlichen Belichtungen zeigen. So lernt das Rechenverfahren das Objekt immer besser kennen. Ist das Training beendet, gibt man Bilder ein, ohne zu verraten, was darauf zu sehen ist. Erkennt der Computer die Bilder, war das Training erfolgreich. Liegt er falsch, muss weiter trainiert werden.

Der wesentliche Unterschied zwischen Mensch und Maschine besteht darin, dass der Mensch ein erlerntes Objekt wie zum Beispiel einen Hai auf einem Foto sehr leicht wiedererkennt – selbst wenn das Objekt schlecht belichtet oder nur ein Teil davon zu sehen ist. Einem Computer hingegen erscheint ein

D-KWHV
D-KWHV

Skagerrak
Kattegat
Belt-See
Arkona See
Bornholm See
westliche
Gotland-See
östliche

Für die KI ist das Zählen von Meerforellen kein Problem. Sie erkennt jedes Tier, das an den Kameras vorbeihuscht

Bild zunächst als chaotische Wolke aus vielen unterschiedlich gefärbten Pixeln. Alle diese Pixel muss der Computer einem Objekt zuordnen. Das wird zur Herausforderung, wenn in einem Riff Korallen, Schwämme oder Algen dicht an dicht sitzen. Chennu entwickelt deshalb auch Rechenverfahren, die jedes Pixel auf Plausibilität prüfen und so die Ergebnisse der Bildanalyse automatisch bewerten. Nur so können am Ende naturgetreue Karten der Riffe entstehen.

Bis heute werden Korallenriffe kartiert, indem Taucher ein Maßband quer hindurchlegen und entlang dieses Bands Foto um Foto schießen. Anschließend werten Biologen die Bilder aus. Doch erfassen sie damit nur einen winzigen Teil eines Riffs. Zudem dauert diese Arbeit Wochen oder gar Monate.

Mit dem Hyperdiver und der vollautomatischen Analyse lassen sich Riffe in einem Bruchteil dieser Zeit sehr viel genauer erfassen. „Unsere Karten helfen Meeresbiologen zu erkennen, ob sich Lebensgemeinschaften verändern", sagt Chennu. Den Vertretern von Behörden oder Politikern wiederum können sie auf einen Blick zeigen, wo schützenswerte Gebiete liegen. „Das ist für mich ganz entscheidend. Nur das, was wir kennen, können wir auch schützen." Für die meisten Küstenregionen der Welt aber sei noch immer nicht bekannt, wie es am Meeresboden aussehe. „KI könnte uns bei der Kartierung von Lebensräumen weit voranbringen. Es ist für mich das Meeresbeobachtungswerkzeug der nächsten Jahrzehnte schlechthin."

Das sieht auch Oliver Zielinski so. Der Direktor des Instituts für Ostseeforschung in Warnemünde ist Sensorexperte und hat schon viele Geräte für den Einsatz im Meer entwickelt. „Wenn es um den Schutz der Ozeane geht, hat KI für mich einen großen Vorteil: Sie hilft uns, der ungeheuren Mengen an Messdaten Herr zu werden, die die Geräte schon heute liefern." Dazu gehören Temperatur-, Salz- und Sauerstoffmessungen, Werte von Lasermessgeräten, Tonaufnahmen aus Unterwassermikrofonen oder Bilder. Hinzu kommen Satellitendaten, die den Eispanzer der Arktis oder Algenmassen im Meer zeigen. „Dank der vielen Messwerte können wir den Zustand des Meers heute besser denn je einschätzen. Doch sind die Datenmengen so groß und die Informationen so komplex, dass wir ohne KI nicht mehr auskommen."

KI ist besonders gut darin, im riesigen Datenstrom sogenannte Muster zu erkennen, die für den Menschen viel zu komplex sind. In der Biomedizin etwa setzt man KI-Verfahren darauf an, im genetischen Code eines Menschen nach auffälligen Veränderungen zu suchen, nach veränderten Genen, die Ursache für eine seltene Krankheit sein könnten. Zielinski hat zusammen mit Kollegen im Projekt PlasticObs ein KI-System für den Einsatz im Flugzeug entwickelt, das im Überflug Plastikmüll am Strand erfassen, zählen und sogar bestimmen kann. Am Flugzeug ist ein spezieller Lichtsensor installiert, der den Boden abscannt. Jedes Objekt und jede Substanz absorbiert, reflektiert und streut Licht anders und hat damit ein charakteristisches optisches Muster. Der Sensor am Flugzeug nimmt das zurückgestreute Licht wahr, die KI erkennt das optische Muster. So kann das System ermitteln, um welches Material es sich handelt und sogar verschiedene Plastiksorten bestimmen.

Muster in Bruchteilen von Sekunden erkennen zu können, das ist, wenn es um den Schutz des Meers geht, die derzeit wichtigste Eigenschaft der KI. So haben mehrere Forschungsgruppen weltweit damit begonnen, Wale anhand ihrer Rufe automatisch zu bestimmen. Das charakteristische Muster eines Rufs ergibt sich aus der Tonhöhe, der Dauer oder dem Rhythmus des Walgesangs. Die US-amerikanische National Oceanic and Atmospheric Administration etwa hat im Cook Inlet, einer Bucht an der Südküste Alaskas,

Tausende Tonnen Weltkriegsmunition liegen noch heute auf dem Grund der Ostsee. Die KI hilft beim Aufspüren

Hydrofone installiert, um die Rufe von Belugawalen aufzunehmen. Die Behörde will herausfinden, wie selten die Walart dort geworden ist. Dazu hat sie mit Informatikern ein maschinelles Lernverfahren mit Belugarufen trainiert. Inzwischen kann die Software 97 Prozent der Rufe erkennen. Das ist genug, um Tonaufnahmen routinemäßig zu analysieren.

Natürlich kann KI allein nicht die Meere retten. Sie etabliert sich derzeit aber als unentbehrliches Werkzeug, um den Zustand der Meereslebensräume schneller und besser einzuschätzen. Mit ihr lässt sich auch überprüfen, ob Umweltschutzmaßnahmen zum Ziel führen – etwa beim Schutz der Meerforelle an der Ostsee.

Die Meerforelle ist ein Wanderer zwischen den Welten, zwischen dem salzigen Wasser der Ostsee und den Flüssen. Einmal im Jahr verlässt sie das Meer. Sie schwimmt die Flüsse hinauf, gräbt kleine Kuhlen in den Kies und legt darin ihre Eier ab. Doch die Meerforelle ist selten geworden. An vielen Stellen versperren Wasserkraftwerke den Weg. Woanders hat man Flüsse kanalisiert, damit gingen Laichplätze verloren.

Um zu verhindern, dass die Meerforelle ausstirbt, wurden in Mecklenburg-Vorpommern Fischtreppen gebaut, Rinnen, in denen die Tiere flussauf wandern und Kraftwerke umschwimmen können. An anderen Stellen hat man Flussbiegungen in die Landschaft modelliert und ruhige Stellen zum Laichen geschaffen. Um zu überprüfen, ob der Bestand der Meerforelle in der Ostsee jetzt wieder wächst, hat das Bundesland vor einiger Zeit das Institut für Fisch und Umwelt in Rostock damit beauftragt, die Fische zu zählen. Dazu bauten die Mitarbeiter Hindernisse in die Flüsse, um die Meerforellen an einer Filmkamera vorbeizulotsen.

Bislang dauerte die Auswertung der Aufnahmen drei Monate. Zudem wurden nur sechs Flüsse in Mecklenburg-Vorpommern untersucht. Um die Arbeit zu automatisieren, fragten die Meerforellenexperten beim Fraunhofer-Institut für Graphische Datenverarbeitung (IGD) an, das sich seit vielen Jahren mit dem Maschinellen Lernen befasst. Tatsächlich ist es gelungen, die Algorithmen für die Meerforellendetektion zu trainieren.

„Das war wirklich anspruchsvoll", sagt Fraunhofer-Mathematikerin Eva Eggeling. „Wenn die Meerforellen vorbeihuschen, ist oft nur ein Teil ihres Körpers zu sehen." In der Tat: Schaut man sich ein Video an, blitzen die Forellen im Licht der Kamera nur kurz auf. Sie sind als Fisch kaum zu erkennen. Trotzdem muss die KI im Bruchteil einer Sekunde entscheiden, ob es sich um eine Forelle, ein vorbeitreibendes Blatt oder den Fuß einer Ente handelt. Die IGD-Forscher fütterten ihre Algorithmen mit Forellenbildern und schärften die Software.

„Ein Trick besteht darin, Algorithmen dazu zu bringen, selbstständig die wichtigsten Merkmale zu definieren – zu lernen, was einen Fisch zu einem Fisch macht", sagt Eggeling. „Das kann die Form der Flosse, der Glanz der Schuppen oder etwas ganz anderes sein." Mittlerweile entgeht dem System kein einziger Fisch mehr. Die Sensitivität liegt bei 100 Prozent. Statt drei Monate dauert es zwei Tage, um das Videomaterial zu sichten. Das ist so schnell, dass die Meerforellen inzwischen in allen Flüssen in Mecklenburg-Vorpommern gezählt werden.

KI ist auch dann hilfreich, wenn der Mensch buchstäblich im Trüben fischt, wenn ihm Algen und aufgewühlter Schlamm die Sicht nehmen, etwa am Grund der Ostsee. Mit diesem Problem befasst sich der Informatiker Sebastian Bader vom Institute for Visual and Analytic Computing an der Universität Rostock. Er entwickelt ein Assistenzsystem für Piloten von ferngesteuerten Unterwasserfahrzeugen, sogenannten Remotely Operated Vehicles (ROVs).

ROVs werden unter anderem zur Inspektion von Offshore-Windradmasten

Autonome Unterwasserfahrzeuge sollen das Meer auf dem Jupitermond Europa erforschen. Mit an Bord ist KI

oder für die Suche nach Munition aus dem Zweiten Weltkrieg benötigt. Tausende Tonnen Granaten liegen heute noch auf dem Grund der Ostsee und anderer europäischer Gewässer. Sie verrosten und geben nach und nach giftige Substanzen ins Meer ab. Meeresbiologen drängen darauf, die Munition zu bergen.

„Mit einer normalen Kamera kann man in trüben Gewässern nur wenige Meter weit gucken", sagt Bader. Um größere Bereiche zu überblicken, nutzt man daher die Bilder von Sonaren, die den Meeresboden mit Schallimpulsen abtasten und deutlich weiter reichen. Doch sind solche Sonarbilder verrauscht wie die Ultraschallaufnahme eines Babys im Mutterleib. Bislang sind Computer schlecht darin, in Sonarbildern Objekte zu erkennen, schon gar nicht in Echtzeit. Genau das will Bader der KI jetzt beibringen.

Doch anders als bei der Meerforelle gibt es bislang kaum Sonarbilder von Weltkriegsmunition, mit denen er Algorithmen trainieren könnte. Er geht deshalb einen anderen Weg: Er füttert die KI-Software mit Konstruktionszeichnungen der verschiedenen Granatentypen und lässt dann eine Software darauf los, die mit Wahrscheinlichkeiten arbeitet. Sie analysiert das Sonarbild, indem sie die Zeichnungen miteinander vergleicht und dann berechnet, um welchen Gegenstand es sich mit größter Wahrscheinlichkeit handelt. ROV-Piloten sollen damit künftig Munitionsreste in der Ostsee schneller und einfacher aufspüren können.

Inzwischen erhellen Forscher mithilfe der KI sogar Mythen. Der Informatiker Dion Häfner vom Niels-Bohr-Institut in Kopenhagen hat kürzlich herausgefunden, wie Monsterwellen entstehen, jene bis zu 30 Meter hohen Brecher, die Schiffe verschlingen und lange als Seemannsgarn galten. Häfner analysierte mit seiner KI eine Fülle an Messwerten, etwa von Bojen, die Informationen über Meereshöhe und Wellengang liefern sowie weitere Werte zu Wassertiefen und Gestalt des Meeresbodens, alles zusammen Daten von über einer Milliarde Wellen. Damit wollte er nicht nur ausrechnen, mit welcher Wahrscheinlichkeit Monsterwellen auftreten, sondern auch die Ursache verstehen, die Kausalkette.

Tatsächlich gelang es der Software, alle Parameter miteinander zu verknüpfen. Das Ergebnis ist eindeutig: Demnach entstehen Monsterwellen, wenn sich mehrere Wellen unterschiedlicher Geschwindigkeit überlagern und einander verstärken. Physiker sprechen bei derartigen Überlagerungen von „linearer Superposition". Am Ende lieferte die KI eine Formel. Sie soll jetzt Programmen zur Vorhersage von Monsterwellen eingepflanzt werden, um die Schifffahrt sicherer zu machen und Kapitäne rechtzeitig zu warnen. Immerhin, so sagen die Forscher, tritt jeden Tag weltweit mindestens eine Monsterwelle auf.

Solche Projekte zeigen, wie vielfältig KI-Lösungen für die Meeresforschung heute schon sind. Ob sie die Ozeane retten können, hänge vor allem davon ab, so Technikexperte Zielinski, ob sie den Sprung aus dem Labor in den Markt schaffen. Meeresforschung sei meist gemeinwohlorientiert und nicht auf Return of Investment getrimmt. „Doch damit verlieren wir viele gute Lösungen." Vielen Forschungsgruppen falle es schwer, ein tragfähiges Geschäftsmodell zu entwickeln. „Es gibt viele kleine Technologielichter, ein ganzes Lichtermeer. Was fehlt, sind die Leuchttürme."

Eine der wenigen Ausnahmen sei der Imaging FlowCytobot (IFCB), den die US-Meeresbiologin Heidi Sosik von der Woods Hole Oceanographic Institution in Massachusetts entwickelt hat. Das Hightechgerät saugt Meerwasser ein und bestimmt in rasender Geschwindigkeit mithilfe von KI die Planktonorganismen, die darin enthalten sind. Der IFCB verkauft sich bestens. Er erspart Meeresbiologen auf der ganzen Welt Hunderte von Stunden mühsamer Bestimmungsarbeit am

„KI ist für mich das Meeresbeobachtungswerkzeug der nächsten Jahrzehnte schlechthin“

Arjun Chennu

Mikroskop. Zielinski: „Wir brauchen mehr von solchen KI-Projekten, die ein kommerzieller Erfolg werden.“

Bei aller Kritik sieht Zielinski aber auch das große Potenzial der KI, etwa bei der Idee eines Digitalen Zwillings der Ozeane. In der Industrie sind Digitale Zwillinge schon seit über zehn Jahren ein wichtiges Thema. Dabei handelt es sich um im Computer gespeicherte digitale Modelle einer realen Maschine oder eines ganzen Maschinenparks. Der Digitale Zwilling wird permanent mit Sensoren gefüttert, die den Zustand der echten Maschine oder des Industrieparks überwachen. Der Vorteil: Am Modell kann man ausprobieren, wie sich Maschinen oder Maschinenparks verhalten, wenn man Einstellungen verändert, etwa um Energie zu sparen. Man kann auch in die Zukunft schauen und überprüfen, wann Bauteile verschleißen – um diese dann bei der echten Maschine auszutauschen, ehe ein Schaden entsteht.

Dafür wird jede Menge KI benötigt. Die Europäische Union und die Raumfahrtbehörde Esa treiben derzeit die Entwicklung eines Digitalen Zwillings für die Erde und die Ozeane voran, laut Zielinski ein „vielversprechendes Projekt“. Wenn es gelänge, die Daten der vielen Umweltsensoren, der Satelliten und Messgeräte in einem Digitalen Zwilling zu verknüpfen und mithilfe der KI nach auffälligen Mustern zu durchsuchen, dann ließe sich der Zustand der Meere künftig sogar in Echtzeit überwachen, so Zielinski. Bei Bedarf könnte man im Digitalen Zwilling dann verschiedene Umweltschutzmaßnahmen durchspielen und die beste aussuchen. „Das ist ein ziemlich ambitioniertes Ziel, und wahrscheinlich wird man zunächst nur kleinere Meeresregionen in den Blick nehmen können. Aber es ist es wert, darüber nachzudenken. Die KI würde uns damit einen einzigartigen Blick erlauben – einen holistischen Blick auf die Meere der Welt.“

Marc Hildebrandt vom Deutschen Forschungszentrum für Künstliche Intelligenz in Bremen blickt mit seiner Forschung sogar über die Erde hinaus. Er hat zusammen mit seinem Team in den vergangenen Jahren ein Konzept für Autonome Unterwasserfahrzeuge (AUV) entwickelt, die in einigen Jahren das Meer auf dem eisigen Jupitermond Europa erforschen werden. Schon länger ist bekannt, dass dieser Mond einen dicken Eispanzer trägt, unter dem ein tiefes Meer verborgen liegt. Künftig sollen AUVs von allein bis zum Meeresboden hinabtauchen. Sie werden von einer kleinen Andockstation unter dem Eis zu wochenlangen Exkursionen aufbrechen. Um die Andockstation wiederzufinden, benötigt man KI. Denn auf dem Jupitermond gibt es kein Navigationssystem wie etwa GPS.

Um seine aktuelle Position zu ermitteln, muss der Bordcomputer Daten von verschiedenen Sensoren verrechnen – etwa über die Motordrehzahl, die Wasserströmung oder die Ausrichtung im Wasser. Allerdings kann sich mit der Zeit auf der Außenhaut Schmutz ablagern. Der Motor und die Antriebswelle verschleißen, und damit verändern sich die Eigenschaften des AUVs nach und nach, etwa die Geschwindigkeit, die bei einer bestimmten Drehzahl erreicht wird. „Unsere KI kann diese vielen kleinen Veränderungen am Gerät erkennen, zueinander in Beziehung setzen und so stets die richtige Geschwindigkeit ermitteln“, sagt Hildebrandt. Die Geschwindigkeit ist die wichtigste Größe, um die Position bestimmen zu können.

Dank der KI sollen die AUVs für lange Zeit durch das Meer auf dem Jupitermond Europa kreuzen – rund 700 Millionen Kilometer von der Erde entfernt.

Als Zoologe weiß Tim Schröder, Jahrgang 1970, Autor in Oldenburg, gut, wie mühsam das Auszählen von Planktonorganismen ist. „Schade, dass es die KI dafür in meiner Studienzeit noch nicht gab“, sagt er.
Jörn Kaspuhl, geboren 1980, Illustrator in Hamburg, glaubt, dass die KI seinen Beruf verändern wird. Angst, als Illustrator bald überflüssig zu werden, verspürt er aber nicht, eher „eine gewisse Neugier“.

Einfach apostrophal

mare No. 160, Strandgut: „Schwimmende Stadt"

Ich gehörte zu den ersten Abonnenten von mare und empfinde dieses Heft noch heute als etwas vom Großartigsten, was die Publizistik im deutschsprachigen Raum hervorgebracht hat. Leider habe ich nach einigen Jahren das Abonnement gekündigt, weil ich als Journalist damals keine Zeit mehr fand, mare zu lesen. Mein Wiedereinstieg als Abonnent erfolgte erst mit der Ausgabe 130, worin ich einen Beitrag publizieren durfte. Seit meinem Rentnerdasein schätze ich es, jedes Heft von Anfang bis Schluss mit Achtung vor Ihrer redaktionellen Arbeit und zu meinem Vergnügen zu lesen. Als früherer Tauchlehrer mit 48 Aufenthalten auf den Malediven und Verfasser des ersten tauglichen „Malediven Reiseführer, Fischatlas und Inselführer" (1990) ist mir in No. 160 auf Seite 127 ein Begriff aufgefallen. Dort wird die „Schwimmende Stadt" auf den Malediven erwähnt. Ich erspare mir, darüber zu jammern, dass derartige Eingriffe die seit Jahrtausenden eingependelten Strömungsverhältnisse ebenso ungünstig beeinflussen werden wie das Aufschütten kilometerlanger Inseln für Touristenresorts durch chinesische Baufirmen mit der Folge, dass ringsum nur mehr tote Korallenstöcke zurückbleiben. Weshalb ich Ihnen hier schreibe, ist die Tatsache, dass das sonst äußerst korrekte und sprachlich hervorragende mare von der Hauptstadt *Malé* (mit Akzent) schreibt. Kein einziger Malediver, keine Malediverin legt die Betonung aufs E. Dies kann Ihnen jedes für die Malediven spezialisierte Tauchreiseunternehmen bestätigen.

Charly Bieler, Chur (Schweiz)

Die Sache ist kompliziert. Unsere Recherche ergab, dass die amtliche Schreibung des Hauptstadtnamens Male' *lautet, also mit Apostroph. Sie ist eine Folge der Transkription aus der Landessprache Dhivehi, denn die korrekte Aussprache lautet* Mah-Leh, *mit gleicher Betonung auf beiden Silben. Offenbar hat sich der Apostroph im Lauf der Jahrzehnte in der üblicherweise ins Englische transkribierten Schreibung teilweise in einen Akzent, zu* Malé, *gewandelt. Vor Ort scheint man diesen Umstand nicht krummzunehmen: Verbreitet sind dort alle gängigen Schreibungen wie* Male *(wenn dies auch seltener, wegen der lautlichen Nähe zu englisch* male, *männlich),* Malé *oder eben* Male'. *An Letzterem wollen wir in Zukunft festhalten.* Die Red.

Falsch angedockt

mare No. 160, „Zukunft mit Biss"

mare – das Magazin der Meere, ein schöner Titel, eine Erfolgsgeschichte: Als treuer Leser und Abonnent wünsche ich Ihnen weiterhin viel davon. Über das Meer und alle damit verbundenen Themen lässt sich trefflich schreiben und fabulieren. Nicht nur im Bereich Seeschifffahrt gibt es jedoch auch eine Fachsprache: Diese beherrsche ich zwangsläufigerweise ein wenig, da sie seit fast 40 Jahren die Sprache meines Berufs ist. Ich störe mich an dem Begriff „andocken", „angedockt". Möglicherweise docken Raumtransporter an eine Station an oder vielleicht auch Flugsteige an das Flugzeug, Schiffe jedoch docken so gut wie niemals an: Sie laufen ein oder aus, machen fest oder los, umgangssprachlich wird auch schon einmal losgeschmissen, aber niemals wird angedockt. Ab und zu wird eingedockt: Hierbei ist dann die Verholung oder Einfahrt in ein Schwimm- oder Trockendock gemeint. Eine Ausnahme bilden wohl einige Fahrzeuge der Fahrgastschiffe auf der Alster: Diese nutzen Magnete statt Leinen zum Festmachen an ihren verschiedenen Stationen. Hier würde eventuell der Terminus „andocken" passen. Bitte bleiben Sie qualitativ hochwertig, nutzen Sie gern auch die Fachsprache dieses Bereichs der faszinierenden Materie.

Bent Gross, per E-Mail

Herr Gross hat mit jeder Silbe recht: Der Duden erlaubt die Benutzung des Verbs „andocken", aber eingeschränkt im Sinn von „1. an etwas koppeln, anschließen; sich (auch ideell) mit etwas verbinden" oder „2. sich [im Weltraum] ankoppeln, an etwas anhängen". Wir geloben, an diese Vorgabe anzudocken und in Zukunft darauf zu achten. Die Red.

Wir freuen uns über Ihre Briefe, müssen uns aber Kürzungen vorbehalten.

mare Leserbriefe, Pickhuben 2, 20457 Hamburg, mare@mare.de

Mein Hooge, *32.*

Unser Kolumnist reiste als Jugendlicher achtmal nach Hooge. Jetzt, nach 30 Jahren, erkundet er die Hallig erneut, als Erwachsener, als Stadtmensch, mit tausend Fragen im Gepäck – diesmal über die Hooger Fähre

Text: Jan Keith
Illustration: Orlando Hoetzel

MEINE KINDER HABEN EINE NEUE LEIDENSCHAFT: Anglizismen. Sie sprechen momentan so, als sei ihr Zuhause nicht das betuliche Hamburg-Eppendorf, sondern die Bronx.

Die Jungs aus der Parallelklasse seien „weird", hieß es neulich, und die Dialoge im „Barbie"-Film ziemlich „cringe". Über die neue Cargohose, die es zum Geburtstag gab, urteilte meine große Tochter, sie sei ein „Gamechanger" für ihre Garderobe.

Vor allem das letzte Wort begegnet mir mittlerweile überall, sogar Mitglieder der Bundesregierung scheinen Gefallen daran zu finden. So sagte etwa Volker Wissing vor Kurzem auf dem Digital-Gipfel in Jena: „Künstliche Intelligenz ist ein Gamechanger." Auch der Duden kennt das neue Substantiv und erklärt, Gamechanger sei „etwas, das bisher geltende Regeln und Mechanismen [grundlegend] verändert".

Hallig Hooges Gamechanger aber trat in Erscheinung, lange bevor dieses Wort Einzug in die deutsche Sprache hielt: nämlich im Jahr 1960. Damals legte die erste reguläre Fähre vom Festland nach Hooge ab. Seitdem ist auf Hooge nichts mehr, wie es vorher war.

Vor 1960 war es kaum leichter, vom Festland aus nach Hooge zu gelangen, als den Styx zu überwinden, jenen sagenumwobenen Totenfluss aus der griechischen Mythologie. Manche Halligbewohner erinnern sich noch lebhaft an diese „Höllentour, die bis zu drei Tage dauern konnte".

Mangels einer Direktverbindung musste man nämlich ab Husum einen Umweg über Pellworm auf sich nehmen. Dummerweise kam der Husum-Dampfer im Osten Pellworms an, während das Schiffchen nach Hooge im Westen der Insel ablegte. Zwischen beiden Anlegestellen lagen gut zehn Kilometer Landweg. Weil sich die meisten Hooger weder Pferdekutsche noch Inseltaxi leisten konnten, blieb ihnen nichts anderes übrig, als zu Fuß zu gehen, oft mit schwerem Gepäck.

Im Westen Pellworms angekommen, hieß es: warten. Warten auf einen wackeligen Kahn, der sich Fähre nannte, aber in Wahrheit ein rostiges Postschiff war. Dementsprechend unkomfortabel gestaltete sich die Fahrt. Die „FAZ" schrieb damals: „Die Beförderung folgt in der Reihenfolge: zunächst das Vieh, dann Frachtgüter, und wenn dann noch Platz ist, können auch Passagiere mitfahren."

Fahrpläne gab es nicht, dafür zahlreiche Stürme, die eine Abfahrt unmöglich machten. Nicht selten strandeten die reisenden Hooger im einzigen Gasthof in Anlegernähe, der bis heute „Gasthaus Hooger Fähre" heißt. Erst am nächsten oder übernächsten Tag erreichten sie schließlich ihr Ziel Hallig Hooge.

Das Fehlen einer Fähre zwischen Hooge und Festland schuf etliche Probleme. Zum Beispiel verzichteten viele ältere Hooger auf dringend notwendige Arztbesuche auf dem Festland, weil die Anreise sie abschreckte. Außerdem war jeder Bürger auf sogenannte Halligversorger angewiesen. Diese gingen für bis zu 40 Familien auf einmal auf dem Festland einkaufen und transportierten die Waren, meist Lebensmittel und Kohle, mit Frachtschiffen zur Hallig. Ein kostspieliges und umständliches Unterfangen.

Doch für die Hooger sollten schon bald bessere Zeiten anbrechen. Ende der 1950er-Jahre entstand mit der Eindeichung des Hauke-Haien-Koogs an Nordfrieslands Küste die Möglichkeit, am Gewässerdurchlass einen kleinen Fährhafen einzurichten. 1960 wurde der Minihafen in Schlüttsiel eröffnet und erstmalig eine Lizenz für eine Fähre zwischen Festland und Hooge vergeben.

Die neue Verbindung Schlüttsiel–Hooge veränderte alles. Die Fahrtzeit zur Hallig verringerte sich von „bis zu drei Tagen" auf weniger als zwei Stunden. Die Pellwormer Postschiffverbindung, die mehr als 300 Jahre bestand, wurde eingestellt. Die teuren Halligversorger wurden nicht mehr gebraucht – die Hooger konnten nun selbst auf dem Festland shoppen gehen.

Heute fährt die MS „Hilligenlei", eine etwas überdimensionierte Autofähre, für kleines Geld täglich die Strecke Schlüttsiel–Hooge und zurück (zumindest im Sommer). Im Unterdeck ist es mollig warm und gemütlich, und an der Bistrotheke gibt es Bockwurst und Cappuccino.

Wenn ich bei den Überfahrten auf meinem Lieblingsplatz hinten links sitze und mich vom Vibrieren des Dieselmotors in den Halbschlaf versetzen lasse, denke ich manchmal: Mehr Gamechanger als diese Fähre geht nicht. Obwohl, meiner Cargohosentochter fallen bestimmt noch viele andere ein, spätestens wenn ihr nächster Geburtstag ansteht.

Die längste Zeit hat Jon Fosse in Bergen gewohnt, aufgewachsen ist er in einem Dorf namens Fosse. Nun ist er in Oslo und Hainburg an der Donau zu Hause

JON FOSSE

DEM UNSAGBAREN EINE STIMME GEBEN

Text: Thomas David *Fotos: Mathias Bothor*

2003 erschien im mareverlag die Novelle „Das ist Alise" von Jon Fosse. Nun hat der Norweger den Literaturnobelpreis erhalten. Eine Begegnung in Bergen und eine Spurensuche im Dorf seiner Kindheit

DAS HAUS UND DAS FENSTER. Ein kurzer Weg, der zu der schmalen Landstraße hinabführt, die sich am Fjord entlangschlängelt. Auf der anderen Seite des Fjords Berge, steil abfallender Fels. Die ältesten Teile des Hauses sind mehrere hundert Jahre alt. Als Signe wieder am Fenster steht und den Blick schweifen lässt, erinnert sie sich, wie ihr Mann Asle an einem stürmischen Tag Ende November zur Bucht und zum Bootshaus hinuntergegangen war und mit seinem Boot auf den Fjord ruderte.

In „Das ist Alise", Jon Fosses 2003 erschienener Novelle, geht Signe durch ihr Haus, das von den Stimmen und Erscheinungen der Toten erfüllt ist. In dem Sturm, der an jenem lange zurückliegenden Abend tobte, schlugen die Wellen grob ans Ufer, kalter Regen peitschte über das grauschwarze Wasser, die Flut stand hoch. Himmel, Wasser und Berge waren mit der Dunkelheit zu einer einzigen Finsternis verschmolzen, einer tiefen Schwärze, in der Asle mit seinem Ruderboot verschwand. „Es gibt einige Motive, die in meinem Werk immer wieder auftauchen", sagt Jon Fosse. „Das Bild, das ich am häufigsten verwende, ist das einer Person, die wie Signe in ‚Das ist Alise' am Fenster steht und auf einen Fjord oder aufs Meer hinausblickt."

An einem grauen Vormittag Ende November, keine drei Wochen vor der Verleihung des Literaturnobelpreises, schlendert Fosse in Bryggen, dem mittelalterlichen Stadtviertel von Bergen, entlang des Hafenbeckens und erzählt von seiner Arbeit. Rechts das Hanseatische Museum und die ehemaligen Kontorhäuser der 1360 errichteten Auslandsniederlassung der Hanse, die bis Mitte des 18. Jahrhunderts den Handel der Stadt beherrschte. Links der Hafen, zwei oder drei Schiffe, ein paar Möwen, die über das Wasser gleiten. „Ich nehme an, es verhält sich ähnlich wie bei einigen Malern, wie bei Mark Rothko zum Beispiel oder dem Norweger Lars Hertervig, die immer wieder das mehr oder weniger Gleiche malen, aber jedes Mal auf eine neue Weise", sagt Fosse. „Ich benutze vertraute Motive und zeige sie dann in einem neuen Licht."

Der im September 1959 in der Küstenstadt Haugesund geborene und in Strandebarm, einer kleinen Gemeinde am Hardangerfjord südöstlich von Bergen, aufgewachsene Fosse ist einer der großen Mystiker der Gegenwartsliteratur. Die Auszeichnung mit dem Nobelpreis, den er für seine Theaterstücke und Prosawerke erhält, die „dem Unsagbaren eine Stimme geben", so die Schwedische Akademie, habe ihn überrascht, sagt Fosse, obwohl er immer wieder für den Preis im Gespräch gewesen sei und bei Buchmachern auch diesmal weit oben auf der Kandidatenliste stand. „Um die Wahrheit zu sagen: Ich war mir sicher, dass ich den Preis eines Tages erhalten würde, nur

eben nicht bereits jetzt", sagt Fosse, der von Kritikern für Theaterstücke wie „Traum im Herbst" oder dem auf einem lediglich imaginierten Segelboot spielenden „Ich bin der Wind" als „Beckett des 21. Jahrhunderts" gefeiert wird.

Fosses Stücke sind die von einer großen Stille und der hypnotischen Poesie einer ebenso leisen wie lakonischen Sprache erfüllten Meditationen über die Sinn- und Existenzfragen des Menschen, die Fosse auch in Gedichten und Prosawerken verhandelt. In seinen Werken ist der Abstand zwischen den Lebenden und den Toten oft nur gering, mitunter reichen sie einander die Hand. Fosse erzählt vom Verstreichen der Zeit, von der Suche nach dem Göttlichen, die den nach einer schweren Lebenskrise 2013 zum Katholizismus konvertierten Schriftsteller seit seiner Jugend antreibt. Er erzählt von einem Schweben an der Schwelle zum Tod, das selbst dann jeglicher Tragik entbehrt, wenn wie in „Ich bin der Wind" ein Mann seinen schwermütigen Freund, den es ins Meer hineinzieht, schließlich nicht mehr im Leben zu halten vermag. Er erzählt von der Unruhe einer Frau, die in dem Stück „Sommertag" am Fenster ihres Hauses steht und wie Signe in „Das ist Alise" auf den Fjord hinausblickt und auf die Rückkehr ihres Mannes wartet. Wie Fosses gesamtes Schreiben, verdanken sich auch die drei Romane seiner gefeierten Heptalogie, in der ein verwitweter Maler in der Abgeschiedenheit eines Dorfs aufs Leben zurückblickt, der Landschaft und den Stimmungen von Fosses westnorwegischer Heimat.

*

„Ich habe mein gesamtes Leben in der Nähe des Meers verbracht und bin dem Meer sehr verbunden", sagt Fosse, der mit seiner dritten Frau und zwei Kindern meist in Oslo oder im niederösterreichischen Hainburg an der Donau lebt, aber auch einen Wohnsitz in Frekhaug hat, einem nördlich von Bergen, an der Südspitze der Insel Holsnøy gelegenen Dorf. „Ich mag vor allem die raue Küste, die Gegenden im Westen Norwegens, in denen es keine Bäume gibt, in denen es nichts gibt außer dem Meer, den Steinen und dem Wind", sagt Jon Fosse. „Dort fühle ich mich sicher und zu Hause."

Er geht den Kai entlang, beobachtet ein altes Schiff, das gegenüber im Hafenbecken liegt. „Es sollte sich natürlich genau anders herum verhalten", sagt er, „aber in einer Landschaft, die so schön und harmonisch ist wie die, in der ich aufgewachsen bin, kann ich mich nicht sicher fühlen." Vor einigen Tagen hat er seine Mutter im eineinhalb Autostunden von Bergen entfernten Strandebarm besucht, am Nachmittag fliegt er zurück nach Oslo. „Ich halte es dort nicht aus und bin seit 20 Jahren nicht mehr über Nacht in Strandebarm geblieben."

Die Stille des Hardangerfjords und die Schemen der Berge, darüber ein blauschwarzer Abendhimmel, die weiße Pfarrkirche, die im Dunklen hell erstrahlt, die Gräber des umliegenden Friedhofs einen

Manchmal lebte er im Sommer wochenlang auf seinem Boot

knappen Kilometer weiter entlang der spärlich beleuchteten Landstraße, unmittelbar vor dem Ortseingang zu dem zur Gemeinde Strandebarm gehörenden Dorf Fosse, ein ehemaliges Bethaus. „Ich weiß nicht, weshalb Jon nie in Strandebarm übernachtet", sagt Holgeir Aase. „Früher hatte er ein ziemlich angespanntes Verhältnis zu seinen Eltern, aber das hat sich in den letzten Jahren verbessert."

Fosses ehemaliger Mitschüler steht im Erdgeschoss des vor zwei Jahren von der Fosse-Stiftung gekauften Hauses, das seitdem als Ausstellungs- und Veranstaltungsraum dient. „Ich glaube, er braucht etwas Abstand zu seiner Herkunft", sagt Aase, der als Physiotherapeut arbeitet. „Außerdem steht Jon natürlich nicht gern im Mittelpunkt." Aase erinnert sich an gemeinsame Fußballspiele und Skiausflüge, an die vielen Gespräche, in denen Fosse die Staatskirche und das gesamte gesellschaftliche Establishment attackierte, den Pietismus seines religiösen Elternhauses. Er erinnert sich an Fosses Auftritte im Jugendhaus, wo der schlacksige, langhaarige Teenager Mitte der 1970er-Jahre als Gitarrist Teil der Rockband Rocking Chair war, bis er die Musik eines Tages aufgab und nur noch malte und schrieb.

In Fosses 1989 erschienenem Roman „Das Bootshaus" ist das Erleben dieser Jahre ebenso eingeflossen wie in die im Dorf Barmen spielenden Passagen der Heptalogie, in denen Holgeir Aase nicht nur die Topografie von Strandebarm wiedererkennt, sondern auch einzelne Bewohner der sich kilometerlang entlang des Fjords erstreckenden und heute vielleicht 1500 Einwohner zählenden Gemeinde sowie die genaue Beschreibung von Fosses Kinder- und Jugendjahren. Die Figur des verwitweten Malers ist dabei weniger Fosses realistisches Selbstporträt als vielmehr literarischer Ausdruck einer imaginären, in immer tiefere Bewusstseinsschichten hinabsinkende Betrachtung der eigenen Existenz.

Aase führt durch eine Ausstellung und zeigt die mit Zitaten aus Fosses Werken bedruckten Stoffbeutel und T-Shirts, die die Stiftung verkauft. Er liest das neben der Eingangstür hängende und wie Fosses gesamtes Werk in einer westnorwegischen Variante des Nynorsk verfasste Gedicht, in dem Fosse die alten Frauen des Dorfs beschreibt, ihre Lieder und das Getratsche, ein Gebet, das man aus dem weißen Haus vernimmt, in dem Fosses Großeltern wohnten. Schließlich tritt Aase in die kalte, windstille Dunkelheit hinaus, in der man nichts außer dem Plätschern des nahen Fjords hört, ein „leises Flüstern", wie Aase sagt, bevor er in seinen Range Rover steigt.

Das Haus von Fosses Großeltern ist keine 200 Meter entfernt. Gleich daneben, am Fuß der Wiese, die sich den dunklen Hang hinaufzieht, das kleinere Holzhaus, in dem Fosse mit seinen Eltern und den Schwestern lebte, bis er 1975 in das 30 Kilometer entfernte Øystese zog, um das Gymnasium zu besuchen. Neben der Eingangstür stehen zwei Mülltonnen. Darüber ein Fenster, in dem auf Augenhöhe ein gehäkelter Sichtschutz hängt.

*

„Sehen Sie das Schiff dort drüben?" Jon Fosse zeigt auf das blau-weiße Motorschiff im Hafen. Er trägt einen schwarzen Mantel, einen langen Schal, Bart und Brille. Er hat ein blasses, rundes Gesicht. Seine langen grauen Haare sind zu einem Pferdeschwanz gebunden. „Das Schiff heißt ‚Epos'", sagt Fosse. „Es handelt sich um ein Bibliotheksschiff, das früher die kleineren Orte im gesamten Westland ansteuerte, um die Bewohner mit Büchern zu versorgen." (mare No. 89) Er hat einen langsamen, etwas schleppenden Gang. „Während der Coronapandemie wurde der Betrieb aus finanziellen Gründen eingestellt, aber die jetzige Eigentümerin versucht, ihn wieder aufzunehmen." Schräg hinter dem Schiff der barocke Kirchturm der Nykirke und das Hochhaus, in dem sich die Redaktion der längst eingestellten „Gula Tidend" befand, einer auf Nynorsk erschienenen Zeitung für die ländlichen Regionen Westnorwegens, für die Fosse von 1979 bis 1983 schrieb, als sein erster Roman erschien. Nach Abschluss des Studiums der Soziologie, Psychologie und Komparatistik, für das er 1979 nach Bergen gezogen war, unterrichtete er bis 1993 an der im Stadtteil Nordnes in einer ehemaligen Sardinenfabrik begründeten Schreibakademie. In Bergen, wo er eine Wohnung hatte, bis ihm der Staat 2011 das lebenslange Wohnrecht im „Grotten" verlieh, einem Haus im Schlosspark von Oslo, hat Fosse länger gelebt als irgendwo sonst.

„Die ‚Epos' wurde übrigens Anfang der 1960er-Jahre in Strandebarm gebaut und hatte dort auch ihren Heimathafen", sagt er. „Als Kind habe ich mit ihr sogar einen Schulausflug gemacht, und natürlich kannte ich auch ihren Eigentümer und dessen Söhne." Fosse erzählt von der Werft in Oma, einem ehemals zu Strandebarm gehörenden Dorf. Von dem Klopfen und Hämmern der Bootsbauer, das seine Kindheit begleitete, in der die Gemeinde noch immer für die robusten „Strandebarmaren" bekannt war, die seit Generationen aus dem Holz der nahen Wälder gefertigten Ruderboote, die nach ganz Norwegen verkauft wurden.

Er erinnert sich an das Boot seines Vaters und erzählt, wie er als Kind mit seinen Eltern den Hardangerfjord hinabfuhr, um in Haugesund oder auf der Insel Karmøy die Verwandtschaft seiner Mutter zu besuchen, die einer Familie strenggläubiger Quäker entstammt. Fosse erzählt von seinen eigenen Booten, einem acht Meter langen, dieselbetriebenen Motorboot, mit dem er die Küste hinab bis Stavanger fuhr oder hinauf bis Selje im Norden der Provinz Vestland.

„Im Sommer habe ich manchmal wochenlang auf diesem Boot gelebt", sagt er. „Manche Leute hassen es oder haben einfach Angst, allein auf dem Meer zu sein und dort für die Nacht vor Anker zu gehen. Natürlich kenne ich diese Angst, aber sobald man sich daran gewöhnt hat, beginnt man, sich tief zu entspannen und will höchstens noch an Land, um Diesel und etwas zu essen zu kaufen."

Fosse steht vor dem Anleger der „Beffen", einer Ende des 19. Jahrhunderts eingeführten Personenfähre, die von Bryggen zum gegenüberliegenden Holbergskaien übersetzt. „Selbst wenn kein Seegang ist, ist ein Boot ständig in Bewegung, und der Rhythmus der Wellen überträgt sich auf den eigenen Körper", sagt er. „Das kann sehr friedvoll sein, aber wenn das Wetter umschlägt und man einem wirklich starken Wind und großen Wellen ausgesetzt ist, kriegt man Angst. Es war faszinierend, ein paar Mal einen Sturm zu erleben, aber ich habe das Boot am Ende auch deshalb wieder verkauft, weil ich mit ihm zu oft in richtig schlechtes Wetter geraten bin.“ Seitdem Fosse hauptsächlich in Oslo wohnt und mit der Familie viel Zeit in Hainburg verbringt, hat er ein etwas kleineres Boot, mit dem er im Sommer hin und wieder einen ein- bis zweistündigen Ausflug unternimmt.

*

„Wenn Sie Jons Mutter treffen möchten: kein Problem.“ Sverre Sørnes sitzt am Steuer seines Mercedes und biegt hinter dem Pflegeheim, in dem Fosses Mutter seit wenigen Monaten lebt, in die Landstraße ein. Der pensionierte Lehrer nahm 1972 als Langstreckenläufer an den Olympischen Spielen in München teil und leitet heute das „Strandebarm Sportell“, eine auf Mannschafts- und Gruppenreisen spezialisierte Herberge am Ufer des Fjords. Als Jugendlicher bat Jon Fosse Sørnes um ein Autogramm. „Jons Mutter spricht allerdings nur Norwegisch“, sagt er und fährt an der leer stehenden Schule vorbei, die der ideale Ort für das geplante Fosse-Zentrum sei, wie Sørnes sagt. Er passiert das Jugendhaus, eine rote, neoklassizistische Veranstaltungshalle. Kurz dahinter die Tankstelle und das vorübergehend geschlossene Bistro. Links und rechts vereinzelte Häuser, kein Mensch ist auf den Straßen, hin und wieder ein Auto oder ein Traktor, nach der nächsten Kurve die Kirche und der Friedhof, auf dem im Februar 2022 auch Fosses Vater begraben wurde. „In den letzten Tagen war das Wetter fantastisch“, sagt Sverre Sørnes und betrachtet die Wolken, die scheinbar reglos über dem Fjord stehen. „Die Scheiße erwarten wir erst morgen“, sagt er und fährt an dem Anhänger des Thaiimbisses und am Haus der Fosse-Stiftung vorbei.

Was verbirgt sich in der Tiefe des Fjords? Und in jener der Literatur?

„Aber das ist okay. Was für andere Länder Europas furchtbar ist, das macht uns nichts aus.“

Die verlassenen weißen Häuser von Fosses Großeltern und Eltern; die Wiese, auf der die Apfelbäume standen, die Fosses Vater als junger Mann gepflanzt und im Alter wieder gefällt hatte; dahinter die schmale Straße hinauf zu dem von einem Bergsee gespeisten Wasserfall, dem das Dorf Fosse seinen Namen verdankt; bei Holsete, wo die Hütte der Familie Fosse steht, die Spuren eines Fuchses im Schnee; Kiefern und Fichten auf Granit und Gneis, die nassen Weiden der Milchbauern; der Haukåsfjellet und der etwa 1000 Meter hohe Vesoldo, von dessen Gipfel aus man bei gutem Wetter die Nordsee sieht; der knapp 200 Kilometer lange Hardangerfjord in hellgrauem Licht, das mit aufkommendem Wind einen bläulichen Schimmer annehmen kann und dann die gesamte Landschaft in Bewegung zu versetzen scheint.

„Jons Vater hatte hauptsächlich Filippa und Gravensteiner angepflanzt, aber es war unmöglich, von der Ernte zu leben, als schließlich immer mehr Äpfel aus Europa importiert wurden, Golden Delicious aus dem bayerischen Alpenvorland“, sagt Sørnes. Hinter Fosses Elternhaus biegt er in die alte, menschenleere Dorfstraße ein, an der sich früher die Bäckerei und der Milchladen befanden, der am Kai gelegene Genossenschaftsladen, den Fosses Vater bis zu seiner Pensionierung geführt hatte. Neben Lebensmitteln verkaufte er Werkzeug und Gummistiefel und Dinge des täglichen Bedarfs. Sverre Sørnes holte sich dort auch Dynamit.

„Meine Herkunft hat ohne Zweifel mein gesamtes Werk geprägt, auch wenn sich nur wenig von dem, was ich geschrieben habe, direkt auf Strandebarm bezieht“, sagt Jon Fosse. In Bryggen sitzt er auf einer Bank, eine Dose Schnupftabak in der Hand. „Die Dunkelheit und die Stille, die ständige Bewegung des Fjords, dieser unablässige Rhythmus der Wellen hat mich durchdrungen und ist auch in mein Schreiben eingegangen.“

In einem Anfang der 1990er entstandenen Essay erzählt er, wie er an einem Sommerabend auf den Hardangerfjord hinausfuhr, um zu angeln. „Auch wenn ich in Hainburg bin, muss ich nur die Augen schließen und fühle mich in diese Landschaft zurückversetzt.“ Er schilderte darin, wie er mitten im Fjord die Angelschnur auswarf und sich die Tiefe des Wassers unter dem Boot vorstellte. „Vielleicht kann ich über Westnorwegen umso besser schreiben, je weiter ich weg bin.“

Er spürte den Wind auf seinem Gesicht. Er blickte hinüber zu den Häusern, die am Fuß der Berge standen, und dachte an die Menschen, die in ihnen gelebt hatten. „Meine Mutter ist jetzt 88 Jahre alt, und ich hoffe, sie lebt noch ein paar weitere Jahre. Aber ich glaube nicht, dass ich nach ihrem Tod noch oft nach Strandebarm zurückkehren werde.“ Er sah hinüber zum Friedhof und dachte an all jene, die er gekannt hatte und die jetzt dort lagen, „ein jeder in seinem Grab“, wie es in dem Essay heißt, in dem Fosse schließlich einen Zusammenhang zwischen den auf dem Fjord verbrachten Stunden und seinem Schreiben herstellt. „Es kann durchaus etwas passieren. Werden die Fische anbeißen? Ein großer? Ein kleiner? Was für ein Fisch? Und wird Wind aufziehen? Wird das Boot den kommenden Sturm überstehen?“ In der Bucht von Strandebarm ist der Hardangerfjord etwa 650 Meter tief. „Und der Fjord, in seiner Tiefe, weit dort unten, was verbirgt er? Was verbirgt sich in der Tiefe der Literatur, weit dort unten? Und dazu die Stille, die riesige Stille, die so groß ist, dass sie manchmal meine toten Freunde vor mir auferstehen lässt. Diese Stille will ich auch gern mit meiner Literatur herbeischreiben. Und dazu den Wind.“

Der Hamburger Thomas David, Jahrgang 1967, schreibt am liebsten Porträts. 2013 erschien seine Monografie über Philip Roth.
Mathias Bothor, Jahrgang 1962, gilt als einer der gefragtesten Porträtfotografen – nicht nur für mare.

Jon Fosse:
„Das ist Alise“,
aus dem Norwegischen von Hinrich Schmidt-Henkel, 128 Seiten, 20 Euro

„... Etwas ganz verrückt Besonderes"

Charlotte Salomons Gesamtkunstwerk „Leben? Oder Theater?" entstand im Exil an der Côte d'Azur. Um nicht zu verzweifeln, malte sie ihre Biografie in 1325 Gouachen

Von Kerstin Ehmer

Saint-Jean-Cap-Ferrat im Herbst 1941. Im grellen Mittagslicht folgt eine junge Frau mit müden Schritten der Avenue Denis Séméria hügelaufwärts. Vor der Pension „La Belle Aurore" hält sie inne und überlegt lange, bevor sie anklopft. Nach bangen Sekunden öffnet ihr eine ältere, förmlich gekleidete Dame und bittet sie hinein.

Wagt sie es, sich als Charlotte Salomon vorzustellen? Die Wirtin Madame Pécher würde sofort wissen, dass ihr Gegenüber gleich doppelt bedroht ist: Als Jüdin ist sie auf der Flucht vor den Nationalsozialisten und als Deutsche vor der Internierung durch die französische Gendarmerie.

Es ist ihr Glück, dass es zu Madame Péchers Prinzipien gehört, ihren Gästen nicht allzu viele Fragen zu stellen. Das Zimmer, das sie ihr zeigt, gleicht einer Klosterzelle. Gekalkte Wände, Bett, Tisch, Stuhl, ein kleiner Schrank, ein Waschbecken. Doch als Salomon die Holzläden vor dem Fenster zurückklappt, fluten Sonnenlicht, das Sirren von Zikaden und der herbe Duft von Pinien und Lavendel herein. Der Blick ist atemberaubend. Hügelabwärts liegen Gärten voller Palmen und Zypressen, darin ein loses Mosaik sonnengebleichter Ziegeldächer. Wo sie aufhören, beginnt der Hafen von Saint-Jean mit seinen in der Dünung schwankenden Booten, hinter dem sich die lichtgesprenkelte Endlosigkeit des Meers ausbreitet. Sie rückt den Stuhl ans Fenster und bleibt eine Stunde lang darauf sitzen. Dann geht sie hinunter und zahlt für drei Monate im Voraus.

Das „Singespiel"

Zwischen 1940 und 1942 schuf Charlotte Salomon im südfranzösischen Exil ein spartenübergreifendes Gesamtkunstwerk, ein „Singespiel", wie sie es nannte, ein Tagebuch in Bildern und Texten, das deutlich über das hinausgeht, was man gemeinhin unter diesem Begriff versteht.

Letztes Passfoto Salomons, 1939

Sein Titel lautet „Leben? Oder Theater?". Entstanden ist es in völliger Isolation, und es gehört durch seine Subjektivität und Originalität eindeutig zur Moderne. Es scheint im Austausch zu stehen mit Munch und Matisse, mit Chagall und Dubuffet. Bildern und Texten werden Gassenhauer, Opernarien und geistliche Musik zugeordnet, Melodien, die sie selbst beim Malen unablässig vor sich hin summte, während sie aus lediglich drei Farben, Gelb, Rot und Blau, sowie Weiß zum Aufhellen 1325 Gouachen im Format 32,5 mal 25 Zentimeter schuf.

Die Vorgeschichte

Im Januar 1939 hatte sie 21-jährig ihre wohlbehütete Existenz als einzige Tochter Albert Salomons, Professor der Medizin in Berlin, hinter sich gelassen und war zu ihren Großeltern nach Südfrankreich geflohen. Man hatte ihren Vater aus dem Operationssaal heraus ins KZ Sachsenhausen verschleppt. Bis zur Unkenntlichkeit abgemagert und krank, kehrte er nach drei Wochen zurück, und die Familie begriff, dass weder seine Verdienste im Ersten Weltkrieg noch der Ruhm seiner zweiten Ehefrau, der Sängerin Paula Lindberg-Salomon, sie vor der Verfolgung durch die Nazis schützen konnten. An der Côte d'Azur glaubte man zumindest die Tochter in Sicherheit.

Ihre Großeltern, Sanitätsrat Dr. Ludwig Grünwald und seine Frau Marianne, hatten dem Deutschen Reich bereits 1933 den Rücken gekehrt. Die vermögende Amerikanerin Ottilie Moore überließ ihnen ein Haus auf dem Grundstück ihrer Villa „L'Ermitage" in Villefranche-sur-Mer, ein in den Hügel gewachsenes Kleinod mit Aussicht. Im abgedunkelten Schlafzimmer verfolgte Charlottes Großmutter mit wachsender Angst die Rundfunknachrichten. Die Enkelin saß zeichnend unter den Bäumen des Parks, sonnte sich im Licht, das schon so viele Maler vor ihr nicht mehr losgelassen hatte, schwamm in einem türkisfarbenen Meer, von dessen Existenz sie nichts geahnt hatte, bevor sie es mit eigenen Augen sah. Mitbewohner der „Ermitage" beschreiben sie später als „nicht von dieser Welt". Ihr Spitzname war „die Stumme". Nur mit Ottilie Moore verband sie eine Art Freundschaft. Die exzentrische Amerikanerin verbarg nicht nur das Ehepaar Grünwald auf ihrem Anwesen, sondern bot auch einer größeren Zahl jüdischer Kinder Zuflucht.

Es war ein vielköpfiger Haushalt, der nur mühsam versorgt werden konnte, Schwierigkeiten, die Charlottes Großeltern unbeeindruckt ließen. Ihrer amerikanischen Gastgeberin fühlten sie sich in Kultiviertheit haushoch überlegen und düpierten sie, indem sie bei gemeinsamen Mahlzeiten stets vornehme Reste auf ihren Tellern zurückließen. Als Sanitätsrat Grünwald in der Speisekammer dabei ertappt wurde, wie er Süßigkeiten in seine Taschen stopfte, war Ottilie Moores Geduld am Ende. Die Grünwalds mussten gehen. Charlotte folgte ihnen in eine Wohnung in Nizza.

Die Großmutter war sicher, dass in Kürze deutsche Truppen über die See-

Charlotte Kann, das Alter Ego von Charlotte Salomon, am Strand in Südfrankreich. Es wurde ihr letztes Bild

alpen marschieren und sie alle verhaften würden. Im März 1940 versuchte sie sich zu erhängen, wurde aber in letzter Sekunde von ihrer Enkelin gerettet. Der Großvater eröffnete Charlotte, Suizid sei in der Familie quasi erblich. Mit 18 habe sich ihre jüngste Tochter im Schlachtensee ertränkt, 13 Jahre später sei die ältere, Charlottes Mutter Franziska, aus dem Fenster gesprungen; bislang hatte Charlotte geglaubt, ihre Mutter sei an einer Grippe gestorben. Noch im selben Jahr sprang auch ihre Großmutter und starb.

Drei Monate später wurden Großvater und Enkelin im Lager interniert. Die Insassen schliefen auf dem nackten Boden der überfüllten Baracken, Ruhr- und Typhusepidemien wechselten einander ab, Verpflegung gab es kaum. Nach drei Wochen wurde festgestellt, dass das Lager für den hochbetagten Großvater nicht hinnehmbar war. Beide wurden mit der Auflage wieder freigelassen, dass Charlotte sich um ihn kümmern sollte. Doch das Lager hatte in dem Greis eine Gier nach Leben geweckt, die auch vor der Enkelin nicht haltmachte. Er versuchte, sie an sich zu ziehen und trommelte nachts wütend gegen die verschlossene Tür ihres Zimmers. Charlotte fürchtete, den Verstand zu verlieren, ein Arzt riet ihr, in ihrer künstlerischen Arbeit ein Ventil zu suchen. Bereits in der Zwangsgemeinschaft mit dem Großvater begann sie ihr Opus magnum, bevor sie vor ihm in die Pension „La Belle Aurore“ floh.

Die Transformation

Das Vorspiel des dreiteiligen Epos „Leben? Oder Theater?“ beginnt mit dem Suizid ihrer jugendlichen Tante, dem Kennenlernen ihrer Eltern in einem Kriegslazarett, der widerwilligen Zustimmung der Großeltern zu deren Heirat. Ihren Vater nennt sie Doktor Kann, die Großeltern „HerrundFrau Dr. Knarre“. Sie malt ihre eigene Geburt als Charlotte Kann, ihre glückliche Mutter als elegante Dame, die in einer weitläufigen Wohnung zwischen Wiege und Abendgesellschaften balanciert.

Charlotte zeigt das Leben des jüdischen Bürgertums in all seiner gründerzeitlichen Opulenz. Stilistisch bewegt sie sich dabei zwischen naiver Malerei und Expressionismus. Auffällig und eigenständig sind jedoch ihre Perspektiven. Auf einem Blatt erinnert die elterliche Wohnung in der Aufsicht an ein Puppenhaus, dem das Dach abhandengekommen ist, Kindheitserinnerungen schichtet sie in schmalen Streifen übereinander: Schule, eine Geburtstagsgesellschaft, Weihnachten mit einem Wäschekorb voller Geschenke. Eine kurze, glückliche Kindheit auf mehreren Etagen. In den folgenden Bildern verdüstern sich die Farben. Die Mutter zieht sich vor der Welt zurück. Nach einem Suizidversuch bringt Doktor Kann seine Frau in die Obhut ihrer Eltern. Dort nutzt sie einen unbeobachteten Moment, um sich aus dem Fenster zu stürzen. Charlotte malt, was man ihr als Kind verschwiegen hat.

„Der Krieg tobte weiter, und ich saß da am Meer und sah tief hinein in die Herzen der Menschen. Ich war meine Mutter, meine Grossmutter, ja alle Personen, alle Personen, die vorkommen in meinem Stück, war ich selbst“

Ihr Vater lernt die Sängerin Paula Lindberg kennen, von Charlotte in ihrem Werk Paulinka Bimbam getauft. Die beiden heiraten im September 1930. Zwischen ihr und Stieftochter Charlotte beginnt, was die Kulturhistorikerin Christine Fischer-Defoy später „eine Liebesgeschichte“ nennen wird. Theater-, Opern- und Konzertbesuche werden zu einem festen Bestandteil ihres Lebens. Doch im Januar 1933 kommen die Nationalsozialisten an die Macht. Die berühmte Altistin darf nicht mehr auftreten. Charlottes Gouachen zeigen Aufmärsche gesichtsloser Massen unter Hakenkreuzfahnen.

Mit dem Auftritt des Gesangspropheten Amadeus Daberlohn, wohinter sich der Gesangspädagoge Alfred Wolfsohn verbirgt, beginnt der Hauptteil des „Singespiels“, die Erzählung einer tragischen Ménage-à-trois. Daberlohn verehrt die Stiefmutter, Charlotte entwickelt eigene Interessen an dem zwei Jahrzehnte älteren Mann. Im „Singespiel“ beginnt sie eine Affäre mit ihm; der reale Alfred Wolfsohn hat eine intime Beziehung zu Charlotte Salomon stets abgestritten. Zusammen mit den Eltern bringt Daberlohn sie zum Zug nach Frankreich. „Mögest du nie vergessen, dass ich an dich glaube“, bestärkt er sie beim Abschied. Damit endet der Hauptteil ihres Werks.

Das Nachwort beschreibt die schwierige Beziehung zu den Großeltern. Und doch gießt sich zunehmend transluzentes Blau aller Schattierungen in ihre Bilder. Es ist das Meer vor dem Fenster der Pension, dessen prachtvolle, gleichmütige Weite sie schließlich mit ihrem Schicksal versöhnt. Ihr letztes Bild zeigt die Rückenansicht ihres Alter Egos Charlotte Kann im Badeanzug am Strand. Auf ihrem nackten Rücken steht: „Leben? Oder Theater?“ Sie schreibt: „Und sie sah mit wachgeträumten Augen all die Schönheit um sich her, sah das Meer, spürte die Sonne und wusste: Sie musste für eine Zeit von der menschlichen Oberfläche verschwinden … um sich aus der Tiefe ihre Welt neu zu schaffen.“ Nach etwa einem Jahr beendet sie gestärkt ihre Klausur.

Das Ende

1943 stirbt ihr Großvater. Kurz darauf heiratet sie den österreichischen Emigranten Alexander Nagler. Ein Traumprinz ist er nicht, sondern ein gebrochener Mensch mit Alkoholproblem. Der Standesbeamte macht Nagler darauf aufmerksam, dass er als vermeintlicher Nichtjude die offenkundige Jüdin Charlotte Salomon gar nicht heiraten darf. Er entgegnet in schwer nachvollziehbarer Naivität: „Wir sind doch beide Juden.“ Sie haben ihre korrekte Adresse in der „Ermitage“ Ottilie Moores angegeben. Am 31. September werden sie dort von der Gestapo verhaftet. Die im fünften Monat schwangere Charlotte wird gleich nach ihrer Ankunft in Auschwitz am 10. Oktober 1943 ermordet. Nagler stirbt in einem Arbeitslager. Charlottes Eltern überleben in wechselnden Verstecken und finden 1947 das Opus magnum ihrer Tochter, das in der Obhut des Arztes Dr. Moridis den Krieg überlebt hat.

Kerstin Ehmer, Jahrgang 1965, studierte Filmwissenschaft, Amerikanistik und Philosophie und ist ausgebildete Fotografin. Sie lebt in Berlin, wo sie neben ihrer Arbeit als Reportagejournalistin und Buchautorin auch Mitinhaberin der legendären „Victoria Bar“ ist. Im mareverlag erschien 2023 „‚Diese Freiheit bedeutet mir alles‘. Das Leben der Kathleen Scott“.

OBERHALB DES POLARKREISES LIEGT NORWEGENS KLEINE KARIBIK,
80 INSELN MIT WEISSEN STRÄNDEN UND TÜRKISBLAUEM WASSER
LOFOTEN
ANDREA GJESTVANG
LOFOTEN
Exklusiv für mare fotografierte die Norwegerin Andrea Gjestvang die Bilder eines Lofotenjahres. Den Sommer mit seiner spiegelglatten See und den hellen Nächten. Den Herbst mit seinem kurzen Aufflammen der Blätterfarben. Den Winter mit dem bläulich-kalten Licht der Arktis und dem Glutschimmer am Horizont. Das Frühjahr mit Kabeljaufang und Stockfischtrocknung. Und: Andrea Gjestvang porträtierte die Menschen des Archipels. Ein Jahr auf den Lofoten – von Polarnacht bis Mitternachtssonne, vom Rentierhirten bis zum Kaltwassersurfer.
Fotografien von Andrea Gjestvang
Mit Texten von Dimitri Ladischensky
Format 30 mal 26 cm, 132 Seiten, 58 €
Jetzt bestellen unter
www.mare.de

John Ernest Williamson war Abenteurer und Pionier, er liebte das Meer und beutete es spektakulär aus. Sein erster Unterwasserfilm mündete in ein Blutbad, das ihm den Weg nach Hollywood ebnete. Glücklich wurde er dort nicht, doch er beflügelte die Fantasie vieler Menschen

Mr. Williamsons Sehhilfe

Von Patrick Torma

Fotocollage zur
Darstellung, wie
die Tauchglocke mit
Röhre funktioniert,
um 1912

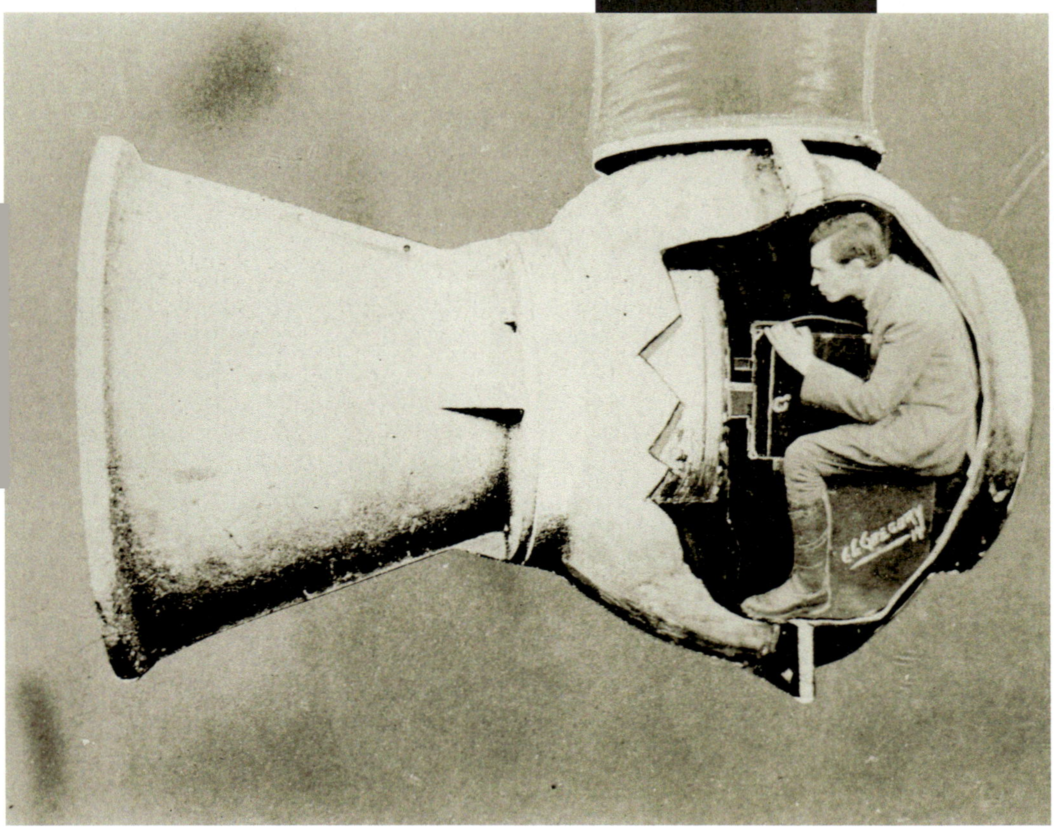

NEUGIERIG UMKREIST EIN HAI EINEN PFERdekadaver. Er ahnt nicht, dass sein Leben verwirkt ist. Denn kurz darauf schießt aus dem unteren Bildrand ein Schwimmer empor, um dem Knorpelfisch ein Messer in den Bauch zu rammen.

Der Mann, der diesen Todesstoß ausführt, ist John Ernest Williamson, die Szene der Höhepunkt seines Films „Thirty Leagues Under The Sea“. 1914 hatte die Welt so etwas noch nicht gesehen. Lehrten die Gebrüder Lumière die Bilder das Laufen, brachte Williamson ihnen das Tauchen bei. Die Dokumentation gilt als erster Unterwassermeeresfilm. Allein das war in der Frühphase des Kinos eine Sensation. Weil Williamson seinen Geldgebern einen spektakulären Haikampf versprach, wurde der Streifen zum Reißer. Rückblickend spiegelt sich in dieser Szene die Ambivalenz eines Filmpioniers, der zwischen Realität und Fiktion wandelte.

Die Vorstellungskraft des 1881 in Liverpool geborenen Briten wurde durch die Erzählungen zweier Männer geschärft. Einer von ihnen war Jules Verne. In dessen Roman „20.000 Meilen unter dem Meer“ gibt es diesen magischen Moment, in dem der Protagonist, Professor Pierre Arronax, durch das Fenster des U-Boots „Nautilus“ blickt und im Beisein dessen legendären Kapitäns Nemo die Wunder der Tiefsee bestaunt. Williamson machte diesen Moment für ein Massenpublikum erfahrbar. Nicht nur, weil er für spätere Leinwandadaptionen die passenden Bilder kreierte – seine Filme selbst fungierten wie Fenster in eine für viele unbekannte Welt.

Der andere Mann war Williamsons Vater Charles, Seefahrer von Beruf und Erfinder aus Berufung. War das Seemannsgarn seines alten Herrn prägend für den jungen Williamson, lieferte der Vater dem erwachsenen Sohn eine Idee, wie es ihm gelingen sollte, das Leben unter Wasser auf Zelluloid zu bannen. Charles Williamson war es auch, der die Familie in die USA überführte, um dort sein Glück als Tüftler zu finden. Den Durchbruch erhoffte er sich von einem Signalsystem, das die Schiffskommunikation revolutionieren sollte – die Eingebung hierzu war ihm während einer nebligen Anfahrt auf Neufundland gekommen. Der Einfall erschien auch anderen lukrativ: Die Konzeptpapiere, erzählt John Ernest Williamson in seiner Autobiografie, habe sein Vater einem Vermittler in New York übergeben. Als er Monate später die Agentur aufsuchte, um Patentdetails zu besprechen, sei der Mann spurlos verschwunden gewesen.

John Ernest Williamson dachte daran, ebenfalls zur See zu fahren, verwarf den Gedanken jedoch. Seiner Leidenschaft fürs Meer blieb er beruflich dennoch treu und schlug eine Karriere im Schiffbau ein. 1912 schließlich hatte er seinen soliden, aber wenig aufregenden Job in einem Planungsbüro gegen eine Karriere als Fotoreporter eingetauscht. Als solcher belieferte er die Zeitungen Virginias. Bilder vom Meeresboden, war er überzeugt, würden die Auflagen steigern. Und sein Einkommen.

Das Problem: Williamson besaß keine wasserdichte Kamera. Dafür eine Lösung, wie er sein Equipment in die Tiefe hinablassen konnte, ohne die empfindliche Technik dem Nass auszusetzen. Vater Charles hatte 1903 einen Apparat für Unterwasserarbeiten zum Patent angemeldet. Der Prototyp bestand aus einer wasserdichten Röhre, die es einer Person ermöglichte, zum Meeresboden hinabzuklettern. Am Röhrenende befand sich eine Auswölbung mit Bullaugen und Greifarmen. Charles Williamson entwickelte mehrere Varianten für Anwendungen wie Schiffsreparaturen oder Wrackbergungen. Um variable Meerestiefen zu erreichen, ließ sich die Röhre – erst von einer Plattform, später von einem Schiff aus – wie ein umgekehrtes Periskop ausfahren.

Der Gerätschaft war kein Erfolg beschieden. Zumindest nicht im angedachten Sinn. Doch sie sollte Filmgeschichte schreiben. Hierfür passte John die Konstruktion seines Vaters an. Das Endstück der Röhre bildete nun eine massive Stahlkapsel, 1,20 Meter im Durchmesser, gerade breit und hoch genug, um eine Kamera im Sitzen zu bedienen. Freizügig hingegen die Aussicht: Ein großes, trichterförmiges Fenster lenkte den Blick in die Weiten des Ozeans hinaus, wobei das mehrere Zentimeter dicke Glas wie ein Fischaugenobjektiv gewölbt war, um einen Vergrößerungseffekt zu erzielen. Auch ans Marketing dachte Williamson. Er verpasste seiner Fortentwicklung einen griffigen Namen: „Fotosphäre“.

Erste Fototauchfahrten unternahm Williamson in den kristallklaren Gewässern vor den Bahamas. Er kehrte mit nie zuvor gesehenen Bildern exotischer Meereswesen zurück. Den Redaktionen stellte er sich bei dieser Gelegenheit als Erfinder der Unterwasserfotografie vor, was natürlich dick aufgetragen war. Aber wer wusste schon, dass ihm der Brite William Thompson (erstes Foto unter Wasser mithilfe einer stationären Kamera, 1856) sowie Louis Boutan aus Frankreich (erstes Foto eines Tauchers, 1893) etliche Jahre zuvorgekommen waren? Doch Fotografien sah Williamson ohnehin nur noch als Beifang an. Er hatte es inzwischen auf das einträglichere Medium Film abgesehen.

Am 16. Juli 1914 feierte „Thirty Leagues Under The Sea“ vor Wissenschaftlern in der ehrwürdigen Smithsonian Institution Weltpremiere. Die meisten Forscher kannten das Leben im Meer bis dato lediglich aus den Aquarien und Dioramen der Naturkundemuseen, erstmals konnten sie die marine Fauna in ihrem natürlichen Habitat beobachten. Aus heutiger Sicht erschließt sich die Begeisterung, die überliefert ist, kaum noch.

Lange galt die einstündige Dokumentation als verschollen. 2018 tauchte ein 13-minütiger Zusammenschnitt auf, der vor allem Grobschlächtiges zeigt: Fischer, die einen Sägefisch harpunieren und dessen charakteristisches Rostrum abtrennen; einen Einheimischen, der an einer Wasserschildkröte zerrt; und eben Williamson, der ins Wasser steigt, um einen Hai zu massakrieren. ➢

Oben **1914 auf einem Boot vor den Bahamas. Bruder George Williamson reicht dem Fotografen die Kamera, neben ihm, stehend, John**

Links **John verletzt für blutrünstige Bilder einen Hai mit einem Messer**

Nächste Seite oben **Equipment für Filmaufnahmen auf den Bahamas**

Darunter **Eine Unterwasserszene, aufgenommen aus der Tauchglocke**

Die Haijagd sollte ein Markenzeichen des Regisseurs werden. Haie stellten die Bösewichte in seinen Filmen dar, und Williamson ließ kaum Gelegenheiten aus, sie als gierige Menschenfresser zu inszenieren. Es entbehrt nicht eines gewissen Zynismus, dass der Filmemacher, der über Jahrzehnte hinweg unzählige Haie in seinen Stammgewässern in der Karibik abschlachten ließ und eigenhändig erlegte, nie müde wurde, die „heimtückischen" Gefahren des Meeres zu betonen.

Heutzutage würden sich Tiertötungen vor laufender Kamera als Karrierekiller erweisen, damals ebneten sie den Weg nach Hollywood. Stuart Paton verfilmte für die Universal Studios „20.000 Meilen unter dem Meer", und Williamson sollte, gemeinsam mit seinem jüngeren Bruder George, die Unterwasseraufnahmen verantworten.

Berüchtigt ist der Stummfilm von 1916 für seinen „dramatischen" Showdown, in dem es ein Schwimmer mit einem Gummikraken aufnimmt. Was heute die Herzen von Trashfilmfans höherschlagen lässt, war damals ein Meilenstein der Tricktechnik, eingebettet in ein für nicht möglich gehaltenes Setting: Filmten Kinomagier wie Georges Méliès durch Aquarien hindurch und ließen Schauspieler über falsche Ozeanböden wanken, bot Williamson echtes Meer, zum ersten Mal in einem Spielfilm. Zur Mitte hin wird die Handlung für eine mehrminütige, beinahe dokumentarische Sequenz unterbrochen: Das Auge der Kamera streift durch ein Korallenriff, Tropenfische und, natürlich, Haie kommen zum Vorschein.

Die Adaption gilt als Kassenschlager, gleichwohl verschlang der Film üppige 500 000 US-Dollar, weshalb es elf Jahre dauerte, bis MGM das Risiko wagte und eine Fortsetzung in die Kinos brachte. Drei Jahre arbeitete Williamson an „The Mysterious Island". Doch die Dreharbeiten verliefen katastrophal. Die Produktion spülte mehrere Regisseure fort, das Skript war wie die Gezeiten ständig im Fluss. Als der Film 1927 erstmals gezeigt werden sollte, wurde man von der Geburt des Tonfilms überrumpelt. Vergrämt steckte MGM den Film in den Giftschrank. 1929 wurde er doch noch veröffentlicht – und zum Vollflop. An Williamson lag es nicht – die finale Fassung enthielt nur noch Spurenelemente seiner Arbeit.

Gut 25 Jahre würden die Studios einen Bogen um Jules-Verne-Stoffe machen, und auch Williamson war zu einem Auslaufmodell in Hollywood geworden. Er fertigte bevorzugt Aufnahmen für die Wissenschaft an, etwa für das Natural History Museum in New York, die Präparatoren dienten, maritime Lebensräume realistisch nachzubilden. Die Exponate besorgte er gleich mit, und zwar tonnenweise: Waren die Bilder im Kasten, tauschte er die Kamera gegen Brechstange und Dynamit. „Schon bald würde sich vom Androsriff mehr in den USA als auf den Bahamas selbst befinden", kommentierte der Biologe Trevor Norton den Raubbau.

Als Dokumentarfilmer blieb Williamson bis ins hohe Alter aktiv. Seine Fotosphäre öffnete er für Touristen, die sich einmal wie Professor Arronax fühlen wollten. Als John Ernest Williamson am 15. Juli 1966 verstarb, waren die Stars des Unterwasserfilms andere. Sie bewegten sich ohne „Röhre" durchs Meer, fingen seine Farbenpracht ein und ließen Williamsons filmhistorisches Vermächtnis verblassen. Seine Ablösung hatte er in gewisser Weise selbst eingeläutet. Mit etwas Verzug, einige Jahre nach dem Ersten Weltkrieg, erreichte Patons „20.000 Meilen unter dem Meer" die Kinos in Paris. Dort verzauberten Williamsons Bilder einen Teenager ganz besonders. Sein Name: Jacques-Yves Cousteau.

Patrick Torma, freier Autor, Jahrgang 1984, ist ins Meer vernarrt. Vielleicht reicht seine Courage einmal für einen Tauchschein. Derweil drückt er sich die Nase platt an den „Fenstern" der Unterwasserfilme.

Regine Gerhardt:
„Anton Melbye und das Seestück im 19. Jahrhundert“,
Hatje Cantz, Berlin, 2023, 664 Seiten, 38 Euro

Spiegel des freien Menschen

Dem Dänen Anton Melbye wurde wegen Sehschwäche die Lehre zum Matrosen verwehrt. Stattdessen wurde er: Maler

„DAS SEESTÜCK IM 19. JAHRHUNDERT erweist sich als Spiegel des modernen Menschen.“ Zu diesem Schluss kommt Regine Gerhardt nach mehr als 450 Seiten über Leben, Œuvre und Wirkung des dänischen Künstlers Anton Melbye (1818–1875). Ihnen folgen noch einmal mehr als 200 Seiten Fußnoten, denn es handelt sich bei der vorliegenden Monografie um die Dissertation der 2018 verstorbenen Kunsthistorikerin, die bereits 2017 die große Melbye-Retrospektive im Altonaer Museum kuratiert hatte.

Doch dieser Kaventsmann von Buch ist nicht nur als Standardwerk für die Fachwelt von Bedeutung. Auch für eine breitere, an Kultur, Kunst, Politik und Gesellschaft interessierte Öffentlichkeit gibt es in dieser Schatzkiste einiges zu entdecken, das über die bloße Kontextualisierung einer einst als bedeutend geltenden Künstlerpersönlichkeit hinausgeht.

Seine Anfänge lesen sich abenteuerlich: Geboren in Kopenhagen als Sohn eines Zollbeamten und ehemaligen Leutnants und aufgewachsen in Helsingør, wünscht sich der junge Melbye ein Berufsleben zur See, muss darauf aber wegen einer Sehschwäche verzichten. Er beginnt stattdessen eine Ausbildung an der Schiffskonstruktionsschule, die er jedoch abbricht. Nach einem Intermezzo als Musiker wird er Privatschüler des einflussreichen Kunstprofessors Christoffer Wilhelm Eckersberg, mit dessen Idealen er aber bald schon bricht. Doch nicht allein die Auseinandersetzung mit den strengen Lehren seines Meisters, seine Vorbilder in der niederländischen Barockmalerei und sein norwegischer Kollege Johan Christian Clausen Dahl beeinflussen ihn in jeder Zeit, auch eigene Seereisen beginnen ihn und sein Werk zu prägen.

Anton Melbye vor dem Gemälde „Der Orkan“

An Bord der Korvette „Flora“ und des Linienschiffs „Christian VIII“ bereist er 1841 Ost- und Nordsee und gelangt 1844 mit einer dänischen Flottille ins Mittelmeer, wo er nicht nur der landschaftlichen Schönheit der Küstengebirge begegnet, sondern auch auf die Schrecken des Marokkanisch-Französischen Kriegs trifft. Weitere Reisen bringen ihn am Vorabend des Krimkriegs bis an den Bosporus. Es folgen Anerkennung am französischen und osmanischen Hof, eine wechselvolle Beziehung zur dänischen Heimat und zwischendurch auch eine wirtschaftlich und gesellschaftlich erfolgreiche Existenz in Hamburg, wo er an der noblen Binnenalster residiert.

Von der exakt beschriebenen Darstellung seiner Maltechnik und profunden bildanalytischen Beschreibungen über Einblicke in den Maschinenraum der Kunstwelt bis hin zu vielfältigen Aspekten der europäischen Geschichte des 19. Jahr-

Bahnbrechendes Motiv, ohne Schiffe, ohne Menschen: „Meereseinsamkeit“, 1852

hunderts erstreckt sich das Spektrum des reichhaltigen, gut lesbar aufbereiteten Materials. Einer der Schwerpunkte liegt dabei auf einem seiner damals bahnbrechenden Motive: der „Meereseinsamkeit“, die sowohl auf Schiffe und jedes andere Anzeichen menschlicher Präsenz als auch auf einen rettenden Küstenstreifen verzichtet und somit die Betrachter existenziell konfrontiert. Das Meer, auf dem sich bei Melbye ansonsten historische Seeschlachten vor Helgoland oder in der Køgebucht und bisweilen allegorische Schiffbrüche ereignet hatten, erscheint nun selbst als „kraftvolles Gleichnis und zugleich unbeherrschbarer Gegenpart des leidenschaftlichen Ichs“. Aus einem naturalistischen Könner der maritimen Feinmalerei wird ein Wegbereiter der Moderne mit symbolistischen Anklängen, dem es gegen Ende seines vielfältigen schöpferischen Lebens in seinen nordjütländischen Skizzenbüchern sogar gelingt, versuchsweise die Linie von der Form zu befreien und den Beginn einer anderen Epoche anzudeuten.

Ausgeleuchtet werden alle relevanten Stationen seines bisweilen verschlungenen Wegs. Diese sind zahlreich, aber in sich interessant genug: Die komplexen Wechselwirkungen zwischen den Selbstinszenierungen höchster Politik und kultureller Produktion werden ebenso zum Thema wie die Distinktionsstrategien des gehobenen Hamburger Bürgertums; Melbyes Interesse an heute obskur anmutenden Phänomenen wie dem „Mesmerismus“ findet ebenso seinen Platz wie kluge Überlegungen zu den Querverbindungen zwischen seiner Kunst und der Literatur. So eröffnen dann auch die Worte Charles Baudelaires dieses fulminante Werk: „Du freier Mensch, du liebst das Meer voll Kraft, / Dein Spiegel ist's.“

Gunnar Lützow

Helgard Haug:
„All right. Good night.“,
Rowohlt, Hamburg, 2023,
160 Seiten, 22 Euro

Über das Verschwinden

Ein Flugzeug stürzt ab, die ganze Welt rätselt über den Verbleib. Helgard Haug schreibt darüber ein kleines Meisterwerk

BLAINE GIBSON IST EIN MANISCHER Abenteurer, der bereits in 177 Ländern unterwegs war. Nachdem er in Laos ein Restaurant eröffnet hat, sucht er neue Herausforderungen. Es ist eine Flugzeugkatastrophe, die für sein Leben zum Wendepunkt wird. Am 8. März 2014 verschwindet der Malaysia-Airlines-Flug MH370 auf der Route von Kuala Lumpur nach Peking von den Radaren, das Wrack wird nicht gefunden. Gibson will Licht ins Dunkel bringen, mit Augenzeugen sprechen, die die Maschine zum letzten Mal gesehen haben könnten, an den Küsten selbst nach Wrackteilen suchen. Dafür reist er quer durch die Welt, hofft, dass das Meer Trümmerteile ausspuckt, doch auch er kann das Puzzle nicht fertigstellen, das Wrack bleibt verschollen.

Helgard Haugs Roman „All right. Good night.“ basiert auf einem wahren Ereignis: dem Absturz der Boeing 777 der Malaysia Airlines mit 239 Menschen an Bord, eines der größten Rätsel der modernen Luftfahrtgeschichte. Der Titel greift den letzten Funkspruch auf, mit dem der Kapitän sich aus dem malaysischen Luftraum verabschiedet haben soll. Die Autorin erzählt von Rechercheuren wie Blaine Gibson, von Verschwörungstheorien, die sich um den Absturz ranken, von Entenmuscheln, die auf einem an der Insel La Réunion angespülten Wrackteil gefunden wurden und Hinweise auf den Absturzort geben könnten. Entenmuscheln sind Krebstiere, die an der Meeresoberfläche treiben, bis sie sich an einen festen Gegenstand heften – auch an vorüberziehende Wrackteile, schreibt Haug. Doch trotz umfangreicher Driftanalysen bleibt der Absturzort der Maschine unbekannt. „Was einmal auf den Meeresboden abgesunken ist, kommt nicht mehr nach oben“, zitiert Haug den lapidaren Satz eines Ozeanforschers. Das Meer wird im Roman zu einem unheimlichen Grab.

Das Buch, das aus einem Theaterstück der Autorin und Regisseurin hervorgegangen ist, spannt sich über einen Zeitraum von acht Jahren. Dabei kreist es immer wieder um das Thema Verlust. Haugs Text ist ein Buch des Abschieds, im doppelten Sinn: Die Autorin beschreibt nicht nur Absturz und Suche nach der Maschine, sondern in anrührenden Details auch die Demenzerkrankung ihres Vaters. Die Krankheit wird im selben Jahr offenkundig, in dem das Flugzeug abstürzt. Auch bei der Demenz geht es um ein Abdriften, die Gedanken des Vaters verlieren sich, er verschwindet, auch wenn er physisch anwesend ist. Mit dieser Ambivalenz muss Haug zurechtkommen. So wie sich die Angehörigen der Opfer des Flugzeugabsturzes damit abfinden müssen, dass ihre Liebsten vermutlich irgendwo auf dem Meeresboden ruhen, während sie in ihren Köpfen fortleben. In beiden Fällen ist es ein „ambiguous loss“, ein uneindeutiger Verlust, so nennt es die zitierte amerikanische Psychologin Pauline Boss.

Helgard Haug ist ein kleines Meisterwerk gelungen. Mit harten Schnitten montiert sie zwei tragische Geschichten gegeneinander, die auf den ersten Blick nichts miteinander zu tun haben. In beiden Fällen geht es um ein Verschwinden, das für die Zurückgebliebenen viele Fragen aufwirft und mindestens genauso viele Antworten schuldig bleibt.

Franziska Wolffheim

Patrik Svensson:
„Die Chronistin der Meere. Über die Tiefe und die Neugier“,
aus dem Schwedischen von Thomas Altefrohne und Hanna Granz, Hanser, München, 2023, 256 Seiten, 24 Euro

Rauschhaft

Das Meer ist und bleibt ein reicher Fundus für Geschichten

NAVIGARE NECESSE EST – DASS WIR segeln, ist notwendig! Der altbekannte Spruch des römischen Feldherrn Pompeius, den Plutarch uns überliefert hat, könnte als Motto über diesem informationsgeschwängerten und von Liebe zum Meer durchtränkten Buch stehen. Als Leser segeln wir gemeinsam mit Svensson über ein Meer von Geschichten, die deutlich machen, was die Faszination und die Bedeutung der Meere für den Menschen ausmacht.

Svensson gleitet entlang von klug ausgewählten Einzelbeispielen über den Ozean der Geschichten und landet schließlich bei der titelgebenden Erzählung über die Umweltaktivistin Rachel Carson, die, weit entfernt von jeder Küste aufgewachsen, ihren ersten Kontakt mit dem Meer als sinnliches Erweckungserlebnis beschreibt, vergleichbar mit dem Rausch einer Beethoven-Sinfonie. Für den Autor selbst ist dieses Erweckungserlebnis ein Buch, das seine Mutter ihm aus der Bibliothek mitbringt und ihm vorliest. Es geht um die Fische des Meers, und der junge Patrik Svensson weiß intuitiv, womit er sich sein Leben lang beschäftigen wird. Als Leser profitiert man von dieser Begeisterung, gepaart mit der sorgfältigen Liebe zum Detail, die das Buch auszeichnet.

So unendlich wie das weite Meer ist auch der Fundus an Geschichten über die Faszination, die es immer wieder auslöst. „Die Chronistin der Meere“ nährt diese Faszination auf eine Art, die einen das Buch nur ungern aus der Hand legen lässt – weil man spürt, dass Weiterlesen einfach notwendig ist.

Carsten Tergast

Frauke Bagusche:
„Nomaden der Ozeane. Das Geheimnis der Meeresschildkröten“,
Ludwig, München, 2023, 224 Seiten, 24 Euro

Sieben Weltmeerebummler

Die Meeresforscherin Frauke Bagusche schwimmt mit Meeresschildkröten und stellt sie im Porträt vor

ES SIND GENAU SIEBEN. DAS KLINGT irgendwie überschaubar. Sieben Arten Schildkröten leben im Meer. Doch wo sie sich aufhalten, das ist schon etwas unüberschaubarer. Frauke Bagusche hat in ihrem Buch die Aufenthaltsorte der sieben eingezeichnet. Schaut man auf die Karten, dann tummeln sie sich fast überall in den Weltmeeren. Nur in den Polregionen ist es den wechselwarmen Tieren zu kalt. Sie haben zwar ein ausgetüfteltes System, bei dem die Blutgefäße wie Wärmetauscher angeordnet sind, um bei Tauchgängen in kaltes Wasser ihre Körpertemperatur zu regeln. Doch ist es längere Zeit kälter als zehn Grad Celsius, verfallen sie in lebensgefährliche Kältestarre. So wie im Februar 2021, als ein Kälteeinbruch 12 000 von ihnen traf. Sie wurden vor der Küste von Texas aus dem Meer geborgen, nur ein Drittel überlebte.

Abgesehen von dieser Schwäche sind diese Meereswesen mit harter Schale und weichem Kern ziemlich gut im Überleben. Die erste Stammschildkröte gab es immerhin schon vor 200 Millionen Jahren. Dinosaurier und Eiszeiten haben sie lange überlebt. Was sie alles so draufhaben, aber auch welche neuen Gefahren durch Menschen und Klimawandel diese Überlebenskünstler jetzt ernsthaft bedrohen, schildert Frauke Bagusche mit eigener Begeisterung. Die Meeresbiologin leitete die Meeresbiologische Station auf den Malediven und segelte von der Karibik ins Mittelmeer. Bagusche erzählt von schönen Momenten mit Schildkröten bei Tauchgängen, stellt die sieben Arten in Porträts vor und berichtet von den Erfolgen, sie zu schützen. Sie besucht Krankenhäuser für verletzte Tiere und erzählt, wie speziell trainierte Artenschutzspürhunde für den Zoll geschmuggelte Panzer oder Tiere erschnüffeln.

Mit großformatigen Unterwasserfotos zeigt sie Schildkröten in Nahaufnahme und erinnert daran, welche Rolle sie in Mythen, Liedern, Literatur, Popkultur, in Architektur oder in Filmen spielen. Doch trotz Verboten wird deren Fleisch immer noch als Delikatesse gehandelt, ihr Schildpatt als Material für Ziergegenstände und ihre getrockneten Penisse als Aphrodisiakum. Dazu versperren angeschwemmte Berge von Plastikmüll an Stränden den Weg der Schildkrötenbabys ins Meer. Dabei erfüllen sie wichtige Aufgaben für die Meeresumwelt. Einige Arten, die Bagusche als „Kreuzfahrer der Meere“ bezeichnet, da auf ihren Panzern Algen, Muscheln, Krebse und Seepocken mitreisen, dienen so als eine Art schwimmendes All-you-can-eat-Buffet für andere Meeresbewohner und Seevögel. Auch der Nachwuchs von Korallen profitiert von ihnen. Sie schaffen Platz für deren Ansiedlung, da sie die raumgreifenden Schwämme wegfressen.

Bagusche macht auf eine besondere Wirkung des Klimawandels aufmerksam: Anders als beim Menschen sind die Geschlechter nicht gleich verteilt. Je wärmer es wird, desto mehr Weibchen werden geboren. An einigen Stränden schlüpfen schon jetzt gar keine männlichen Exemplare mehr. Wie sich das auswirkt, sei noch unklar. Aber es wäre schade, wenn nicht alle sieben Arten überleben und es irgendwann heißt: Da sind es nur noch sechs.

Katja Maria Engel

Philippe Sands:
„Die letzte Kolonie. Verbrechen gegen die Menschlichkeit im Indischen Ozean",
aus dem Englischen von Thomas Bertram,
S. Fischer, Frankfurt am Main, 2023,
320 Seiten, 25 Euro

Vertreibung aus dem Paradies

Halb Geschichtsstunde, halb Thriller: Philippe Sands schildert den Kampf der Deportierten des Chagos-Archipels für ihre Rückkehr

DIE CHAGOS-INSELN SIND EINE Gruppe von winzigen Atollen inmitten des Indischen Ozeans, von denen man wegen ihrer isolierten Lage und geringen Größe nicht unbedingt annimmt, dass sie die Heimat von jemandem sind. Wie falsch man damit liegt, zeigt das neueste Buch des Völkerrechtlers Philippe Sands, der mit „Rückkehr nach Lemberg" und „Die Rattenlinie" zuletzt bereits zwei viel beachtete Werke zwischen Belletristik und Politikaufarbeitung vorgelegt hat.

Der Archipel war zuerst französisches, dann britisches Kolonialgebiet und dabei administrativ Mauritius zugeordnet. Drei Jahre vor der Unabhängigkeit des Landes im Jahr 1968 separierte das Vereinigte Königreich die Inseln, um daraus ein neues Überseeterritorium zu machen, das nicht Teil von Mauritius wurde. Der Grund: Die alliierten USA wollten auf dem Atoll Diego García eine geostrategisch günstig gelegene Militärbasis errichten. Die Folgen: London zwang die rund 1500 Einheimischen zur Aussiedlung und schuf mitten in der Hochphase der weltweiten Dekolonisierung eine neue Kolonie (mare No. 122). Entschädigungen für die Betroffenen gab es nur geringfügig, mitnehmen durften sie jeweils nur einen Überseekoffer.

Sands erzählt die Geschichte dieser Vertreibung und den Kampf um die Rückgabe der Inseln. Im Jahr 2017 erreichte Mauritius den Erlass einer UN-Resolution, durch die der Internationale Gerichtshof (IGH) in Den Haag beauftragt wurde, die Okkupation und Exilierung des Archipels zu bewerten. Anfang 2019 kam das Gericht zum Ergebnis, dass all dies rechtswidrig war, woraufhin die UN-Vollversammlung das Vereinigte Königreich zur Herausgabe der Inseln an Mauritius aufforderte; seit Ende 2022 laufen hierüber nun tatsächlich Verhandlungen.

Sands, der schon oft Rechtsbeistand für Staaten vor dem IGH war, begleitete Mauritius dort und bei den Vereinten Nationen und schildert die Geschehnisse abwechselnd als historische Darstellung und Schicksalsbericht. Für Letzteren fungiert als Protagonistin Liseby Elysé, eine der damals Deportierten, die vor den internationalen Institutionen als Zeugin auftrat und emotionales Beispiel dafür ist, was die Vertriebenen erlebt haben. Mit seinem Fach- und Hintergrundwissen erläutert der Autor die Prozesse in New York und Den Haag, die er dramaturgisch so packend beschreibt, dass sein Buch zu einem Pageturner avanciert. Zugleich veranschaulicht er nicht nur den Verlauf der Dekolonisierung im 20. Jahrhundert, sondern bringt uns auch die diplomatische Welt näher.

Nicht zuletzt zeigt das Werk interessante Nebenaspekte – etwa, dass selbst die Nachkommen der Chagossianer „zurück" auf die Inseln wollen, obwohl sie die Postkartenidylle ohne nennenswerte Infrastruktur nie gesehen haben und zumeist in Großbritannien aufgewachsen sind; viele von ihnen besitzen immer noch die Überseekoffer ihrer Eltern und Großeltern. „Einen Fall darlegen heißt, eine Geschichte zu erzählen", schreibt Sands, der Literatur als Weg sieht, Gerechtigkeit abseits juristischer Verfahren zu schaffen. Die Geschichte des Archipels ist nicht zu Ende geschrieben.

Stephan Sura

Janin Halisch (Regie),
Clara Gerst (Produktion):
„Sprich mit mir",
DFFB, Softspot Productions, 2021/22,
80 Minuten,
seit 18. Januar im Kino

Ostsee-Blues

Ein Film, so gnadenlos schön wie echter Familienurlaub

RÜGEN STATT MALLORCA. WAS Friseurin Michaela ihrer 28-jährigen Tochter im Film beiläufig beim Haareschneiden als Urlaubsperspektive präsentiert, war für Regisseurin Janin Halisch aus der Not geborene Pandemierealität. Ihr Spielfilmdebut sollte am Mittelmeer gedreht werden, doch der Lockdown zwang zur abrupten Planänderung.

Was für ein Glück. Oder eher die große Kunst, eine Chance zu erkennen und zu nutzen. Denn es fällt schwer, sich die so zarte wie klare Inszenierung familiärer Verknotungen vorzustellen ohne den grauen Himmel Mecklenburg-Vorpommerns, ohne Wind, Strandkörbe und ein urdeutsch verkrampftes Ferienumfeld, in dem Karo (Alina Stiegler) und ihre Mutter (Barbara Philipp) versuchen, ihre Gefühle zu sortieren. Was schwer gelingen kann, wenn eine Mutter stur auf Stöckelschuhen dem Vergnügen hinterherläuft und eine Tochter Liebeskummer und die Sehnsucht nach ihrem Erzeuger, der beide lange verlassen hat, gleichzeitig plagen. Ihr ebenso problembeladenes Gegenüber finden die beiden in einem Vater-Tochter-Gespann (Peter Lohmeyer, Pearl Graw), das sich mitten im elterlichen Scheidungskrieg beim ersten gemeinsamen Urlaub zu finden versucht. Das ist die Versuchsanordnung, in der gelacht und gebrüllt wird, gelogen und geliebt, und all das so unverblümt, wie man es hierzulande nur selten sieht. Wobei alle Darsteller so leichtherzig und gleichzeitig zerbrechlich ihre Rollen spielen, dass einen nicht nur ein Lied von (ausgerechnet) Bonnie Tyler zu Tränen rührt.

Martina Wimmer

Erland Cooper:
„Folded Landscapes (Piano Version)“,
Universal Music, 2023, 28 Minuten

Homer:
„Die Odyssee“,
neu ins Deutsche übertragen von Christoph Schmitz-Scholemann, Elsinor, Coesfeld, 2023, 575 Seiten, 29 Euro

Orkneys Sound

Das Piano-Album des Schotten Erland Cooper: eigen und gut

AUF DIE IDEE, EIN MIKROFON EINzufrieren, muss man erst einmal kommen. Für jemanden, der ein Tonband vergraben hat, um herauszufinden, wie es sich unter der Erde verändert, ist ein gefrorenes Mikrofon allerdings keine große Sache (mare No. 152). Erland Cooper, aufgewachsen auf den Orkneyinseln, lotet seit Jahren das Verhältnis von Kunst und Natur aus. Wer dort lebt, muss sich zwangsläufig mit den launischen Gewalten von Sturm, Regen und Flut auseinandersetzen. Kaum volljährig, zog er nach New York, dann nach London, wo er heute arbeitet. Er musizierte mit Indie-Rockbands, unternahm eine Tournee mit Paul Weller und landete schließlich bei einer modernen Form klassischer Musik. Die Naturgeister der Orkneys haben Cooper begleitet und prägten zunehmend seine Klänge. Als Solokünstler spürte er dem Flüstern der Winde, dem Murmeln der Wellen und dem Gesang der Möwen nach und fand zu einer sehr eigenen Musik.

Anfang 2023 veröffentlichte er das Album „Folded Landscapes“. Über die Distanz von sieben „Movements“ bildete er zu behutsamen Streichern, verwehter Elektronik und Naturgeräuschen seine Eindrücke vom Klimawandel ab. Nun legt er als sanfte Ergänzung „Folded Landscapes (Piano Version)“ nach, unter anderem aufgenommen mit einem Mikrofon in einem schmelzenden Eisblock. Nächsten Sommer soll die Musik von dem mittlerweile auf den Orkneys ausgegrabenen Tonband veröffentlicht werden. Gerüchte über ein geplantes Album mit Seehundgesängen hat Cooper bislang nicht bestätigt.

Christoph Dallach

Endlich den Frieden beschwören

Eine neue Übersetzung der „Odyssee“ erfreut nicht nur sprachlich, sondern mit feinem Vorwort und Kurzfassung der 24 Gesänge

DIE ADAPTIONEN VON HOMERS „Odyssee“ sind zahllos und spannen sich über die Jahrhunderte: von Monteverdis und Händels Opern über Stanley Kubricks „2001: Odyssee im Weltraum“ bis zu James Joyce' genialischem „Ulysses“-Roman und den gelungenen feministischen Interpretationen in Margaret Atwoods „Penelopiade“ oder in Ulrike Draesners Poem „Das Frauenschiff oder Penelopes Sehnsucht nach dem Norden“. Von atlantisgleich „abgesunkenem Kulturgut“ kann ob dieser fortgesetzten Faszination also keine Rede sein – auch wenn sich die Frage stellt, ob sich heute nicht lediglich auf Bruchstücke zurückgreifen lässt, erinnerte Geschichten aus der Jugendlektüre. Wahrscheinlich war diese nicht etwa die einst in jedem Bildungsbürgerhaushalt obligatorische, in edle Hexameter gefasste Übertragung von Johann Heinrich Voß von 1781, sondern die populäre Prosafassung von Gustav Schwab, die freilich auch bereits aus dem 19. Jahrhundert stammt.

Doch nun: die „Odyssee“ endlich wieder in der ihr adäquaten, rhythmisch eilenden Versform, wenn auch ohne Hexameter und, vor allem, ohne jenen Fußnoten- und Erklärapparat, der das Lesen selbst zu einer lexikalischen Odyssee gemacht hätte. Vielleicht kein Zufall, dass ihr Übersetzer kein Altphilologe ist, sondern ein pensionierter Richter am Bundesgerichtshof. Dabei ist Christoph Schmitz-Scholemann alles andere als ein literarisch dilettierender Jurist, sondern auch Essay-Preisträger der renommierten Deutschen Akademie für Sprache und Dichtung.

In einem gewitzten Vorwort räumt er überdies mit der modischen Mär auf, das Epos von Odysseus' knapp zehn Jahre währender Heimkehr aus dem Trojanischen Krieg sei eine reine Männerstory. Ohne die Göttin Athene oder die Prinzessin Nausikaa wäre der Held nämlich nie und nimmer zurück zu Penelope und nach Ithaka gekommen. Wobei die ebenso mythische Gestalt des Chronisten Homer seinen Odysseus dabei keineswegs stets als puren Helden zeichnet, sondern auch als grausamen und oft unvernünftigen Macho. Der konzisen Vorrede folgt eine Kurzfassung der 24 Gesänge, welche en passant deutlich macht, wie Kontextualisierung ohne retrospektives Moralisieren möglich ist: „Die Schilderung der Morde sind von einer Art, dass man sie im Fernsehen heute vermutlich nur mit einem vorangestellten Disclaimer zeigen könnte.“

Es braucht in dieser rundum gelungenen, in unprätentiösem und dennoch elegantem, vor allem aber lesbarem Deutsch geschriebenen Übersetzung deshalb weder das Altertümelnde noch das forciert Aktualistische. Gerade weil das Tohuwabohu der Götter und Göttinnen uns heute zwar atavistisch fremd erscheinen mag, seinen ästhetischen Reiz jedoch bewahrt hat. Und wer will, kann Athenes klugen Abschlussbefehl, der nach Odysseus' Gemetzel an Penelopes Freiern den Bürgerkrieg auf Ithaka zu vermeiden half, durchaus deuten als frühantiken Fingerzeig auf autoritativ durchgesetzte Gewaltlosigkeit als Basis jeglichen Rechts: „Odysseus war im Grunde des Herzens froh. / Und Pallas Athene, die an Gestalt und Stimme / Noch immer dem alten Mentor glich, / Ließ die streitlustigen Männer / Endlich den Frieden beschwören.“

Marko Martin

An dieser Stelle berichtet mare regelmäßig über neue Bücher aus seinem aktuellen Verlagsprogramm

Untergang der Serenissima

Acqua alta: Isabelle Autissier, Autorin und legendäre Seglerin, erzählt in ihrem neuen Roman von der Zerstörung Venedigs

mare: *Die Vorstellung ist schrecklich: Eine der schönsten Städte der Welt wird in Ihrem neuen Buch von einer riesigen Flutwelle verschlungen. Halten Sie das Szenario für wahrscheinlich?*
Autissier: Ich fürchte tatsächlich, dass die Tage Venedigs gezählt sind, wenn der Meeresspiegel weiter ansteigt, der Massentourismus ungebrochen weitergeht.

Wie kamen Sie auf die Idee, ein Buch über einen der berühmtesten Schauplätze der Weltliteratur zu schreiben?
Wenn ich über einen neuen Roman nachdenke, steht bei mir am Anfang immer eine Frage. Bei meinem Buch „Klara vergessen“, das im russischen Murmansk spielt, war es die Frage: Was macht man, wenn man in einem tyrannischen System leben muss? Flüchten, kämpfen oder kollaborieren? Im neuen Buch sollte es um die Herausforderungen des Klimawandels gehen. Ich habe dann nach einem passenden Schauplatz gesucht. Die Stadt, die akut bedroht ist und von Millionen Menschen geliebt wird, bietet sich dafür an.

In Ihrem Buch geht es auch um einen Familienkonflikt: Der Vater, Guido Malegatti, ist Wirtschaftsrat der Stadt, will den Tourismus maximieren und glaubt daran, dass die Sicherungssysteme halten. Seine Tochter Léa dagegen wird zur Aktivistin und stellt sich gegen ihn und seine Profitgier. Sind Sie ein bisschen Léa?
Ich bin keine Aktivistin wie Léa, aber sehr engagiert. Mehrere Jahre war ich Präsidentin von WWF Frankreich und bin jetzt Ehrenpräsidentin. Der Klimawandel ist das größte Problem unserer Gesellschaft und überhaupt der Menschheit.

Ihr Roman führt uns ein Desaster vor Augen, das sich keiner vorstellen mag. Welche Botschaft wollen Sie vermitteln?
Wir haben unzählige Möglichkeiten, uns über den Klimawandel zu informieren, trotzdem gibt es in unseren Gesellschaften die Tendenz, das nicht wahrhaben zu wollen, zu sagen: So schlimm ist es ja nicht. Diese Position, die Verweigerung der Realität, wie sie Guido Malegatti vertritt, wollte ich in meinem Buch zeigen – und welche Folgen das haben kann.

Die Architektur Venedigs und das enorm teure Sicherheitssystem MO.S.E., das die Stadt schützen soll, spielen in „Acqua Alta“ eine große Rolle. Wie lange haben Sie recherchiert?
Rund drei Monate. Zunächst habe ich während des Corona-Lockdowns viele Bücher und Artikel gelesen, danach bin ich in die Stadt gefahren, habe mit Einheimischen gesprochen. Ich hatte das Glück, dass kurz nach der Pandemie kaum Touristen dort waren. Später war ich noch einmal für ein paar Wochen dort.

Sie schreiben in Ihrem Buch von „Solastalgie“, also dem Gefühl von Verlust angesichts der Zerstörung. Können Sie, wenn Sie durch die Stadt gehen, überhaupt noch ihren Zauber genießen, ohne an die Bedrohung zu denken?
Ich kann mich nach wie vor für Venedig begeistern, entdecke überall Schönes. Gleichzeitig habe ich aber das Gefühl: Wenn ich in zehn Jahren wiederkomme, ist die Stadt womöglich am Ende, vielleicht ist es jetzt das letzte Mal, dass ich durch die Gassen laufen kann.

Isabelle Autissier: ***„Acqua Alta“,*** *aus dem Französischen von Kirsten Gleinig, 208 Seiten, 23 Euro*

Sie sind nicht nur Autorin, sondern auch eine berühmte Seglerin, haben als erste Frau allein auf dem Boot die Welt umrundet. Gibt es Parallelen zwischen dem Schreiben und dem Einhandsegeln?
Bei beiden Aktivitäten, so unterschiedlich sie sind, bin ich mit mir allein. Ich kann das durchaus genießen. Fürs Schreiben ziehe ich mich gern zurück, ich könnte niemals im Café arbeiten. Auf dem Meer kann ich mich daran freuen, allein unter den Sternen zu sein. Danach bin ich aber auch froh, unter Leute zu kommen.

Gibt es etwas, das Sie vom Meer gelernt haben?
Ich habe gelernt, dass man nicht gegen die Natur agieren kann. Man muss mit ihr zusammenarbeiten, sich anpassen, wenn der Wind dreht, den Kurs ändern, auch größere Umwege fahren. Das Meer hat mir beigebracht, flexibel zu sein – auch sonst im Leben.

Sind Sie jetzt, mit 67 Jahren, immer noch auf den Meeren unterwegs?
Ja, zwei bis drei Monate im Jahr, aber nicht allein, es kommen immer andere Leute mit, auch Schriftsteller. Ich mag vor allem die kalten Regionen, Grönland zum Beispiel. Das Meer lässt mich einfach nicht los. ∞

Das Gespräch führte Franziska Wolffheim.

Adrian Pourviseh:
„Das Schimmern der See. Als Seenotretter auf dem Mittelmeer“,
avant, Berlin, 2023,
224 Seiten, 26 Euro

Über sich hinauswachsen

Graphic Novels können politisch sein. Adrian Pourviseh hat nun seine Zeit als Seenotretter in Zeichnungen umgesetzt

VERMUTLICH NEIGEN AKTUELL nicht wenige Menschen dazu, bei den Nachrichten den Ton abzudrehen oder gleich ganz abzuschalten, um die scheinbar endlose Flut der weltweiten Tragödien nicht allzu nah an sich heranzulassen. Umso wichtiger ist da die Graphic Novel „Das Schimmern der See. Als Seenotretter auf dem Mittelmeer“ des Zeichners Adrian Pourviseh.

Parallel zu seinem Studium engagierte sich der Marburger mit deutsch-iranischen Wurzeln während der sogenannten Flüchtlingskrise 2015 als Übersetzer für geflüchtete Jugendliche und fuhr mit der „Sea-Watch 3“, um als Freiwilliger auf der Insel Lesbos zu helfen. Seine Erlebnisse verarbeitete er damals in einem illustrierten Tagebuch.

In seiner ersten Graphic Novel berichtet Pourviseh nun von den tragischen Ereignissen einer Seenotrettungsmission im Sommer 2021. Dabei trägt der zurückhaltende Zeichenstil, mit Bleistift ausgeführt und einer reduzierten Aquarellpalette koloriert, die unaufgeregte, fast reportagehafte Erzählstruktur. In unmittelbaren Panels nimmt er die Leser mitten hinein in die Bergungsmannschaft, sodass sich die beklemmende Atmosphäre der Rettungsaktion direkt auf sie überträgt. Selbstverständlich bezieht der Zeichner eindeutig Stellung und prangert das unerträgliche Verhalten der europäischen Länder an. Dabei erleben die Leser hautnah, wie die von EU-Staaten finanzierte und ausgebildete sogenannte libysche Küstenwache „Pullbacks“ betreibt, also Flüchtende in das Bürgerkriegsland zurückentführt.

Gezeichnete Reportage eines Erfahreren

Als ein Flüchtlingsboot Feuer fängt, dokumentiert der Band schonungslos die Behandlung der Brandwunden der Geretteten. Er berichtet von den Männern im Maschinenraum, die sich hart geben, nun aber nicht an Deck blicken lassen, da sie das Leid nicht ertragen und im Lärm der Motoren ihre Wut herausschreien. Über den Umgang mit der aufkommenden Panik, wenn Flüchtende in dunkelster Nacht von einem sinkenden Schiff springen. Aber er erzählt auch von Menschen, die über sich hinauswachsen, von Helfern, die sich kompromisslos dem Humanismus verschrieben haben, und von Geflüchteten, die ihre eigenen Plätze an Familien mit Kindern abtreten.

Die Frage, die dabei über allem schwebt, ist: Was wird einmal in den Geschichtsbüchern stehen über das, was hier passiert? Wie wird sich Europa erinnern? Mehr als 52 000 Menschen sind in den letzten 30 Jahren auf der Flucht gestorben. Eine abstrakte Zahl, die das Elend dahinter nur schwer greifen lässt. Die Graphic Novel gibt den Schicksalen ein Gesicht. Sie dokumentiert das Leid auf eine respektvolle Art, ohne die Grässlichkeit zu verringern, wie der Autor in einem Interview sagt. ∞

Andreas Eikenroth

Karin Althaus, Nicholas Maniu, Matthias Mühling (Hrsg.):
„Turner. Ein Lesebuch“,
dt.-engl. Ausgabe,
Edition Lenbachhaus,
München, 2023,
404 Seiten, 22 Euro

Turner forever

Ob im Museum oder als Buch: William Turner lohnt immer

BIS ZUM 10. MÄRZ BREITET DAS Münchner Lenbachhaus in seinem unterirdischen Kunstbau unter dem Titel „Three Horizons“ das Werk Turners aus. Es ist nicht schwer, dieses Werk, diese Farben mit dem Begriff der „Befreiung“ in Verbindung zu bringen: Joseph Mallord William Turner, der Maler des Meers, nahm nicht nur den Impressionismus und den Blauen Reiter, sondern auch die Farbfeldmalerei von Mark Rothko vorweg. Seine fluide Bildwelt löste sich immer stärker vom Abbild. So viel wissen wir. Doch diese Bilder zu sehen, vor ihnen zu stehen, das verblüfft uns noch heute.

Das Lenbachhaus hat passend den Band „Turner. Ein Lesebuch“ herausgegeben. In chronologisch sortierten Texten aus rund 200 Jahren erfahren wir viel über Turners Werdegang, seine künstlerischen Strategien, die Rezeption seines Werks und seine Wirkung in der Gegenwart. Dass Turners Œuvre so viel Maritimes bietet, wird uns beim Blättern noch einmal gewahr: Seine Seestücke, Schneestürme und Sonnenuntergänge am Meer, seine Bilder Venedigs, Seufzerbrücke und Zollamt, Santa Maria della Salute in hellstem, strahlendem Nebel aus Weiß, Gelb und Blau – diese Bilder entfachen einen betörenden Sog.

Für seinen legendären „Snow Storm“ aus dem Jahr 1842 habe sich Turner an einen Mast binden lassen. Um den Sturm zu studieren, ihn zu erleben; den Sturm, der Meer und Himmel, Wolken, Dunst und Wasser verwirbelt, der vom Abbild befreit, der alles auflöst. Ausstellung oder Buch: unbedingt betrachtenswert! ∞

Marc Peschke

Nasima Sophia Razizadeh:
„Sprache und Meer“,
Rohstoff, Matthes & Seitz,
Berlin, 2023,
92 Seiten, 10 Euro

Tinte im Ozean

Die Biologin Nasima Sophia Razizadeh hat ein feinsinniges Buch über die Sprache und das Meer geschrieben

SPRACHE ALS EINE ART MEER ZU betrachten ist keine neue Denkfigur, doch ist sie von größter Faszination. Sprache als Ozean, als Möglichkeit einer neuen Welt, Sprache und Bücher als Inseln, auch darum geht es in „Sprache und Meer“. Das Debüt der an der Universität Köln lehrenden Nasima Sophia Razizadeh hat einen Klang, der Sprache glänzen lässt. Sie schreibt in einer Art, die zeigt: Der Text und das Leben bilden ein Ganzes. Das Ich ist hier das Material, mal ganz deutlich, dann als Spur zu erahnen. Das Schreiben, die Sprache will die Autorin schützen, so steht es auf ihrer Website: „Nasima Sophia Razizadeh studierte und lehrt, stets und stets vorrangig um das Schirmen des Schreibens bemüht, Biologie.“

Denn die Sprache bedarf eines Schutzes, so wie das Meer. Beide, der Text- wie der Wasserkörper, sind für uns Menschen lebensnotwendig, denn nur hier lässt sich etwas erreichen, was über uns selbst hinausweist – das Andere, der Andere, die Andere: „Man geht ins Meer, fiebernd, und dann geht man wieder hinaus, tropfend, und dazwischen geschieht alles.“

So beginnt der Text, der auf den ersten Seiten das Schreiben selbst in präzisem Realismus fokussiert: „Ich suche mit der Federspitze wie mit einem Widerhaken in der vor mir liegenden hellen Papierstruktur Halt. Ich denke an die Patrone, die, im Verborgenen, an einem die Patronenkappe beim Einsetzen der Patrone durchstoßenden Dorn hängt.“ Und so fragt die Autorin bald, ob die Tinte ein Gefühl der Sprache besitzt. Und würde es Ruhe bringen, die Tinte ins Meer zu gießen, die winzige Menge Tinte in das riesige, unendliche Meer?

„Das Wort ist kostbar“, hat die Autorin in einem Interview gesagt – und so liest sich dieses Buch. Franz Kafka zitiert sie gleich am Anfang mit seiner Frage: „Wohin wollte ich Sie mit dem allen führen? Ich habe mich ein wenig verirrt, aber es tut nichts, denn Sie sind vielleicht mitgegangen und nun sind wir beide verirrt.“ Es macht Freude, der Autorin zu folgen, mitzugehen, sich verirren zu lassen.

„Sprechen und schreiben kann nur, wer zu träumen vermag“, weiß Razizadeh. Auch, dass der Albtraum nicht weit entfernt lauert. Manche dieser Sätze mag man nicht teilen, etwa jenen so absoluten, die Sprache sei wie das Meer, weil sie die Fähigkeit besäße, „jede Differenz aufzuheben“. Andere Gedanken sind wunderschön. Etwa dieser: Wir sind oft zu weit weg vom Meer, zu weit weg von seinen „alten, regellosen Qualitäten, die wir mit ihm teilen“.

Es gibt Dinge, die kann man nur am Meer verlieren. Es gibt Dinge, die kann man nur am Meer erfahren – von solchen Dingen erzählt dieser Text, versponnen, versonnen, traumverliebt und gegen jede Gattung geschrieben, gleichsam wie das Meer, regellos, vom Ich erzählend. Das Meer, hier wird es – parallel zur Sprache – in der Tradition von Heine, Freud oder Baudelaire noch einmal als große Metapher umschrieben, Metapher für das entgrenzte Ich, das erkennen muss: „… plötzlich leuchtet es ein, wogegen mein Meer, mit mir, stetig stürzend aufbegehrt: Eigentlich bin ich sprachlos, fällt mir in der Mitte des Tages ein.“

Marc Peschke

Im Netz

https://internationaliceswimming.com

Im Eis schwimmen

Wer sich das Video der Ice Swimming Association auf der Homepage des Verbands angeschaut hat, erkennt: Hier geht es um Extreme. Nicht nur, weil das Wasser, in dem die Sportler und Sportlerinnen schwimmen, kalt ist, oft eiskalt, sondern ganz sicher auch, weil dieser Sport ganz besondere Erfahrungen für Körper, Geist und Seele bereithält. Auf jeden Fall machen Bilder und Musik klar: Das ist etwas für starke Nerven und bestimmt inspirierend. Gut 250 Mitglieder aus Deutschland sind gemeldet, 23 von ihnen schwimmen in der Kategorie „Ice“.

Wiebke Böse

Im Deckchair

Ein persönlicher Tipp von Leliah Engel, Volontärin im mareverlag

Roger Deakin:
„Logbuch eines Schwimmers“,
Matthes & Seitz, Berlin, 2015, 387 Seiten, 38 Euro

Manchmal ist man einfach zur richtigen Zeit am richtigen Ort, zum Beispiel auf einem Parkplatz in Born auf dem Darß, wenn jemand gerade einen Stapel Bücher aus seinem Fahrradkorb in die lokale Büchertauschtelefonzelle umgeschichtet hat. Auf diesem Weg ist eine wunderschöne Ausgabe von Roger Deakins „Logbuch eines Schwimmers“ in meinen Besitz übergegangen. Der Filmemacher hatte 1997 die Idee, man müsse Großbritannien schwimmend durchqueren, was er flugs in die Tat umsetzte und in diesem Buch dokumentierte. Dabei verbindet er seine klugen, sprachgewaltigen Beobachtungen der Wasserwelten von Küste, Fluss und Marsch mit einem immer noch hochaktuellen Plädoyer für das Jedermannsrecht – und streut noch eine große Prise britische Exzentrik obendrauf. Besonders ans Herz legen möchte ich das Kapitel über die Aale. Dafür muss man allerdings mit allen Wassern gewaschen sein.

NORD

Jahrhunderte träumten europäische Seefahrer von einer Ostroute durch das sibirische Eismeer in den Pazifik. Nun öffnet der Klimawandel die langersehnte Wasserstraße – und macht sie zugleich zum Gegenstand unterschiedlicher Interessenkonflikte. Die Nordostpassage: Handelsweg der Zukunft oder Sackgasse?

Text: Andreas Renner
Fotos: Charles Xelot

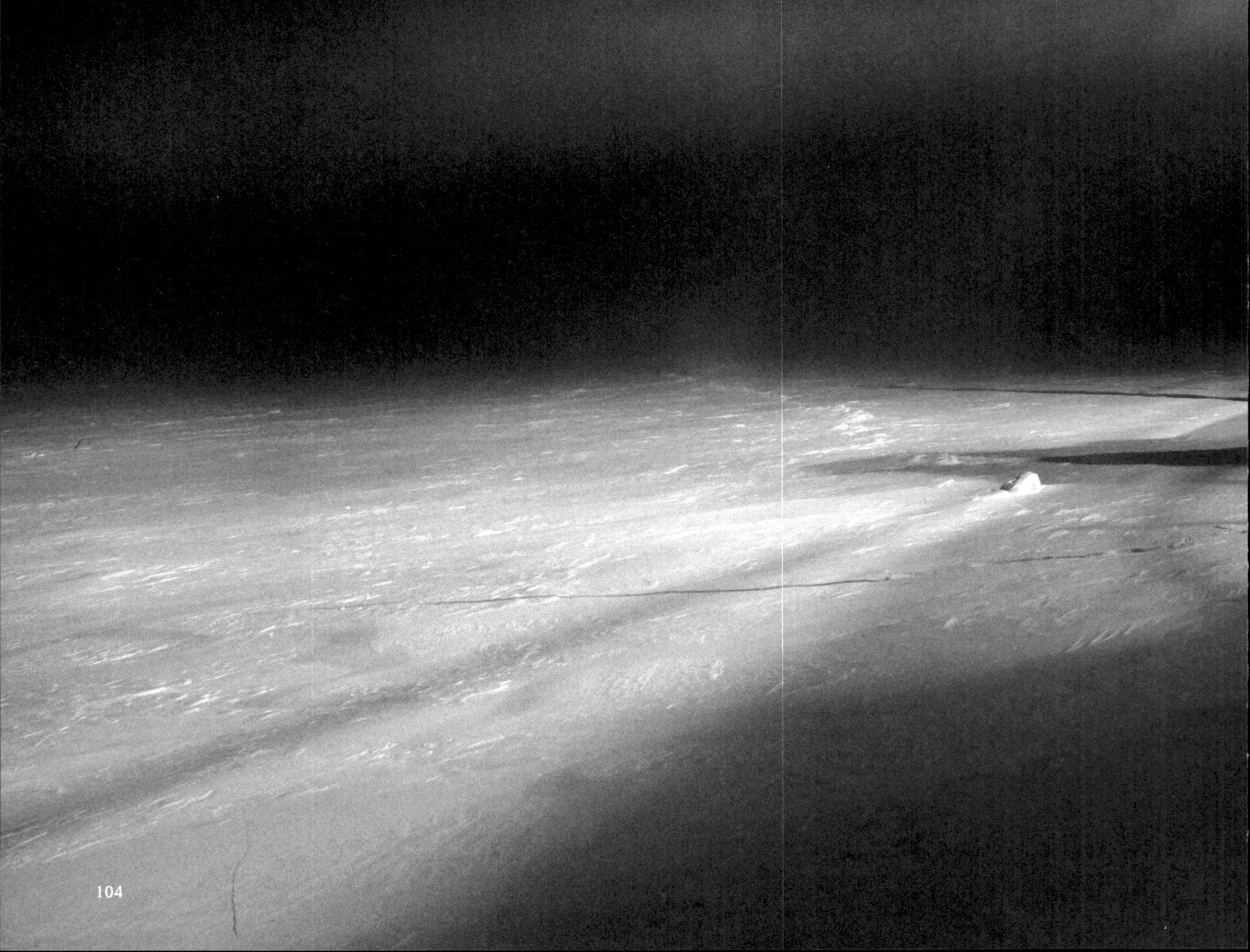

OST
PASSAGE

Vorhergehende Doppelseite **Der Atomeisbrecher „Jamal" schiebt sich durch die gefrorene Meeresoberfläche, um einem Schiff den Weg freizumachen**

Rechte Seite oben **Der Eisbrecher „50 Jahre Sieg" macht an der „Constanta" fest. Der Frachter bringt Verpflegung und Material zur Halbinsel Jamal**

Darunter **Der Bootsmann des Öltankers „Anabar" prüft Verankerungen für den Schleppvorgang mit einem Eisbrecher**

Seite 108 oben **Berufstätige auf dem Weg zur Arbeit überqueren die zugefrorene Nördliche Dwina in Archangelsk**

Darunter **Der Flüssigerdgastanker „Georgiy Ushakov" im Hafen von Sabetta auf Jamal**

Seite 109 oben **Blick auf den Eisbrecher „Waigatsch" vom Frachter „Johann Mahmastal" aus**

Darunter **Sonnenaufgang über Nowaja Semlja**

Seiten 110/111 **Die „Georgiy Ushakov" am Terminal auf Jamal**

WIE EINE FORMATION BÖSER SCHWÄNE NÄHERN sich am 5. Juni die ersten Eisschollen dem holländischen Segelschiff auf seinem Weg nach China, quer durch das Nordpolarmeer vor Sibirien. Dieses Eisfeld lässt sich noch vorsichtig durchfahren, doch schon das übernächste ist zu einer schorfig aufgeworfenen Masse zusammengefroren, die einen Umweg erzwingt. Vorbei an einem stinkenden Walkadaver, neugierigen Eisbären und immer neuen Eisschollen. Der flotte Nordnordostkurs wird zu einer langsamen Zickzacklinie. Die Nordostpassage durch den Arktischen Ozean mag die kürzeste Route aus der Nordsee in den Pazifik sein, aber sie ist unberechenbar. Das Schiff wird sein Ziel nie erreichen.

Diese Erfahrung machte Willem Barents, der berühmte Navigator aus Amsterdam, im Jahr 1596 im Nordosten der heute nach ihm benannten Barentssee. Schon wenige Wochen nach dem Treffen mit den falschen Schwänen zerbarst seine Galeone im Meereis. Die Besatzung rettete sich an die Nordspitze von Nowaja Semlja (Neuland), einer lang gezogenen, damals menschenleeren Doppelinsel auf der Grenze zwischen dem europäischen und dem asiatischen Teil des Arktischen Ozeans. Für Barents endete der Seeweg nach China auf 76 Grad Nord in einer finsteren Sackgasse aus Eis, 1500 Kilometer vom Nordpol entfernt. Kein westeuropäisches Schiff hatte es je bis hierhin geschafft. Erst im darauffolgenden Juni konnten sich die Holländer in ihrem Beiboot nach Amsterdam zurückkämpfen. Doch vier von ihnen, darunter Barents, erlagen vorher den Strapazen der Polarüberwinterung, auf die sie mangels Erfahrung nicht vorbereitet waren.

Heute hätte Barents deutlich weniger Eis zu überwinden. Seit 1979, dem Beginn der Vermessung mit Satellitentechnik, ist die sommerliche Polkappe um die Hälfte geschrumpft. Auf der Nordostpassage muss kein Kapitän mehr mit einer Zwangspause im Meereis rechnen. Fast jeden Sommer öffnen sich Fahrwasser, die arktistaugliche Handelsschiffe der Gegenwart problemlos durchqueren können.

Gegen das auf der Strecke verbleibende Eis, das vor allem in den Meerengen zwischen Sibiriens Küste und vorgelagerten Inseln wieder zusammenfriert, helfen gewaltige, teilweise atomgetriebene Eisbrecher unter russischer Flagge. Sie erreichen jeden Punkt zwischen Barentssee, Nordpol und der Beringstraße. Die reguläre Navigationsperiode hat sich in den letzten Jahren weit in den Juni und November verschoben, doch auch in der Polarnacht mit ihren Extremtemperaturen und Stürmen sind Transporte zwischen Atlantik und Pazifik möglich. Die Eisbildung wird aus der Luft und aus dem Weltraum verfolgt, die Schiffe im Seegebiet sind in Echtzeit mit der Welt verbunden. Ein Netz aus Wetter- und Seenotrettungsstationen soll die arktische Schifffahrt so sicher und planbar machen wie eine Ostseeüberquerung.

Ein Traum, der nicht nur Barents' Geldgeber, Amsterdamer Kaufleute, sondern über Jahrhunderte auch die englische und skandinavische Konkurrenz umtrieb, wird wahr. Der polare Weg zu den Reichtümern Chinas, zwischen dem ostasiatischen und westeuropäischen Wirtschaftsraum liegt endlich offen. Je nach Start- und Zielhafen ist die Route 20 bis 60 Prozent kürzer als die Standardverbindung durch den Suezkanal, sie spart Arbeitszeit, Treibstoff und Emissionen.

Darüber freute sich niemand mehr als im September 2009 die Bremer Reederei Beluga Shipping. Sie hatte gerade zwei Schwerguttransporter aus dem südkoreanischen Ulsan mit Kraftwerkbauteilen ins westsibirische Nowy Port und von dort nach Rotterdam geschickt. Beluga Shipping hatte sich zu der Testfahrt entschlossen, weil im Sommer des Vorjahrs die Nordostpassage zum zweiten Mal durchgehend

Lesen Sie bitte weiter auf Seite 113

GEORGIY USHAKOV

USHAKOV

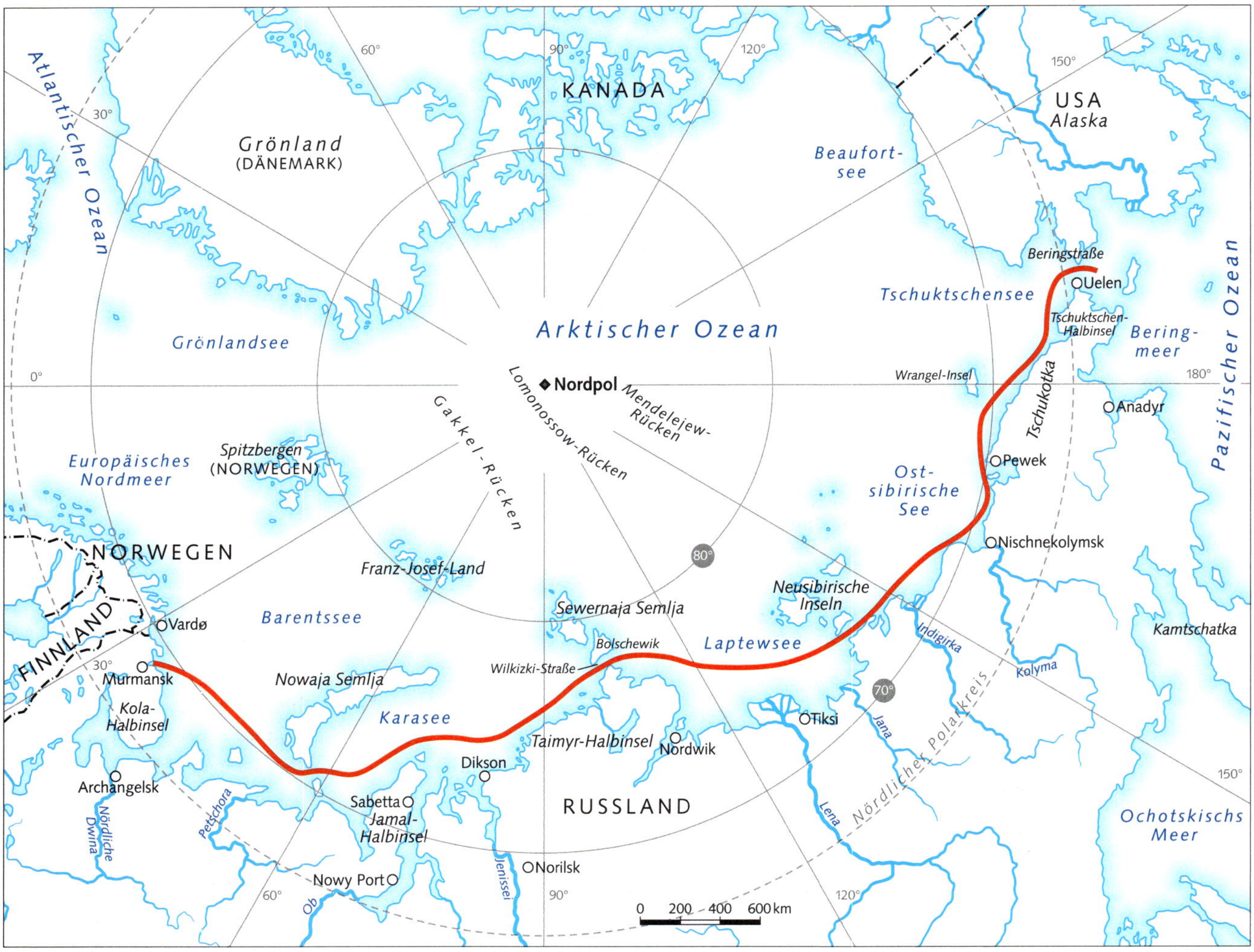
KANADA
USA
Alaska
Grönland
(DÄNEMARK)
Atlantischer Ozean
Beaufort-
see
Beringstraße
Uelen
Tschuktschensee
Tschuktschen-
Halbinsel
Bering-
meer
Pazifischer Ozean
Arktischer Ozean
Grönlandsee
Nordpol
Lomonossow-Rücken
Mendelejew-
Rücken
Gakkel-Rücken
Wrangel-Insel
Tschukotka
Anadyr
Europäisches
Nordmeer
Spitzbergen
(NORWEGEN)
Ost-
sibirische
See
Pewek
Nischnekolymsk
NORWEGEN
Franz-Josef-Land
Neusibirische
Inseln
FINNLAND
Vardø
Barentssee
Sewernaja Semlja
Bolschewik
Laptewsee
Indigirka
Kolyma
Kamtschatka
Murmansk
Nowaja Semlja
Wilkizki-Straße
Kola-
Halbinsel
Karasee
Tiksi
Jana
Nördlicher Polarkreis
Taimyr-Halbinsel
Nordwik
Dikson
Archangelsk
Sabetta
Jamal-
Halbinsel
RUSSLAND
Petschora
Nördliche
Dwina
Lena
Ochotskischs
Meer
Norilsk
Jenissei
Nowy Port
Ob
0 200 400 600 km
0°
30°
60°
90°
120°
150°
180°
70°
80°

eisfrei gewesen war, zumindest auf den verpixelten Aufnahmen der Wettersatelliten. Auf nennenswerten Eisgang stießen die „Beluga Fraternity“ und die „Beluga Foresight“ dann nur in der Wilkizki-Straße, dem Nadelöhr zwischen der Nordspitze Asiens und dem Gletscherarchipel Sewernaja Semlja (Nordland). Hier war endlich der begleitende Atomeisbrecher gefordert, die schwarz-rot lackierte „50 Let Pobedy“ (50 Jahre Sieg). Sowjetische Ingenieure hatten sie für den 50. Jahrestag des Weltkriegsendes gebaut, doch statt den Ruhm der Sowjetmacht durch die Arktis zu tragen, eskortiert der 30 Meter breite Koloss mit seinen 71 000 PS nun kapitalistische Schiffe durchs Eis.

In der sich westlich anschließenden Karasee verlangsamte stürmisches Wetter die Weiterfahrt der beiden Bremer Schiffe, als größere Gefahr galten die kilometergroßen Eisschollen, für die die Karasee berüchtigt ist. Doch dank des Klimawandels passierten die Frachter auch diesen Streckenabschnitt problemlos. Beluga Shipping gelang nicht weniger als die erste Durchfahrt der Nordostpassage vom Pazifik unter ausländischer Handelsflagge. Aber die Fahrt bedeutete keineswegs, wie es Geschäftsführer Niels Stolberg suggerierte, einen Durchbruch wie 1878/79, als der Expedition des schwedischen Polarforschers Adolf Nordenskiöld die erste Passage überhaupt gelang.

Zum einen hatten finnische Reeder die sibirischen Meere schon in den 1990er-Jahren, unmittelbar nach dem Untergang der UdSSR, getestet. Und Moskaus Handelsschiffe hatten den gesamten Nördlichen Seeweg, wie der sowjetische Abschnitt der Nordostpassage genannt wurde, sogar bereits seit den 1930er-Jahren systematisch befahren. Damals, in der frühen Stalinzeit, erfolgte die Industrialisierung Sibiriens auch über die arktische Seeroute; sie war die Lebensader für die Versorgung neu gegründeter Siedlungen und Fabriken am nördlichen Rand Sibiriens. Übers Polarmeer gelangten Baumaterial und Lebensmittel, Ingenieure und Zwangsarbeiter in den hohen Norden – und zurück Holz, Metalle, Kohle. In der Nachkriegszeit wären die Bohrungen und Pipelinebauten auf den großen Öl- und Gasfeldern der russischen Arktis ohne die Materiallieferungen über den Nördlichen Seeweg undurchführbar gewesen.

Zum anderen ist der polare Transithandel trotz aller Begeisterung für die profitable Seite des Klimawandels nur zögerlich in Gang gekommen. Denn die arktische Schifffahrt ist teuer: Versicherungsprämien, Eismeerzulassung, Eisbrecher- und Lotsenbegleitung, Seenotrettungs- und meteorologische Dienste müssen bezahlt werden. Der Zahlungsempfänger der letzten vier Rechnungen sitzt in Moskau, in der Hauptverwaltung Nördlicher Seeweg. Gemäß dem UN-Seerechtsübereinkommen von 1994 darf Russland aus Umweltschutzgründen den Zugang zu den eisgefährdeten sibirischen Meeren zwischen Nowaja Semlja und der Beringstraße regulieren. Nur dieser 5600 Kilometer lange Sektor der Nordostpassage heißt heute noch Nördlicher Seeweg. Um ihn zu befahren, muss 15 Werktage im Voraus ein ausführlicher Antrag vorliegen. Die Kosten summieren sich auf sechsstellige Dollarbeträge – je Fahrt. Kein Wunder, dass sich bislang nur wenige internationale Reeder auf hohe Breitengrade wagen. Mancher von ihnen nennt die bürokratischen Regelungen abschreckender als die unberechenbaren Wetter- und Eisverhältnisse.

Die Andeutung eines Booms erlebten in den 2010er-Jahren die ersten touristischen Nordostpassagen. Für sechsstellige Dollarsummen schipperten umgebaute sowjetische Forschungsschiffe oder kleine Luxusdampfer solvente Passagiere durch eisige Meereslandschaften. Doch eine Verschiebung der Welthandelsströme ist bislang nicht

Linke Seite oben **Die Nordostpassage verläuft von Murmansk auf der Halbinsel Kola bis zur Beringstraße. Mehr als 6000 Kilometer beträgt die Strecke**

Darunter **Bewegte Spur im Eis. Eben noch eine Gerade, verformt sich die Fahrrinne durch die Strömung zur Schlangenlinie**

in Sicht. Selbst die 85 Durchquerungen der Nordostpassage 2021, bislang der Streckenrekord, machten nur einen Bruchteil des globalen Frachtverkehrs aus. Den Suezkanal passierten im selben Jahr 20 649 Schiffe, die zudem mit durchschnittlich 20 Knoten schneller unterwegs waren als die höchstens zwölf Knoten fahrenden vor Sibirien.

Wie entbehrlich die bejubelte Alternativroute durchs Eis ist, zeigte sich nach dem russischen Überfall auf die Ukraine. Der Transitverkehr brach im Frühjahr 2022 vollkommen ein. Denn fast jedes Schiff auf der Nordostpassage muss durch den von Moskau kontrollierten Bereich, der erst 200 Seemeilen nördlich der sibirischen Küste endet. Atomeisbrecher sind stark genug, dieses Seegebiet zu umfahren und Fahrrinnen sogar über den Nordpol zu legen, wenn auch nur im Schritttempo. Solche Kraftprotze hat indes nur Russland gebaut. Daher schickte selbst China, wo noch 2021 zwei von drei polaren Transitfahrten starteten, keine Exportgüter mehr durchs russische Eismeer. Schon länger hat Peking außerdem den Bau eines eigenen Eisbrechers mit Nuklearantrieb angekündigt.

Moskau wird die entgangenen Millionen aus dem Transithandel nicht besonders vermissen. Eisbrecherbegleitung und Wetterdaten werden auch von russischen Schiffen benötigt; die gesamte Infrastruktur im Polarmeer ist auch gar nicht in erster Linie für den Durchgangsverkehr geschaffen worden. Priorität besitzt, wie schon in der Sowjetzeit, der Abtransport sibirischer Rohstoffe. Doch stärker als früher werden Nickel, Erdgas und Erdöl nun für den Export gefördert. Und seit im Dezember 2017 ein erstes Terminal zur Verschiffung von Flüssigerdgas (LNG, Liquefied Natural Gas) auf der sibirischen Halbinsel Jamal in Betrieb gegangen ist – Präsident Wladimir Putin reiste für das Ereignis persönlich an –, boomt das Milliardengeschäft.

Rechte Seite **Die „Johann Mahmastal" liegt auf Reede vor dem LNG-Hafen Sabetta von Jamal**

Innerhalb von nur zwei Jahren verdreifachte sich das Volumen der über den Nördlichen Seeweg transportierten Güter von knapp zehn Millionen (2017) auf mehr als 31 Millionen Tonnen (2019). Fast zwei Drittel oder 20 Millionen Tonnen machte allein das LNG aus dem neuen Jamal-Terminal aus, den zweiten Platz nahm Erdöl mit 7,7 Millionen Tonnen ein. An dritter Stelle lagen Buntmetalle aus dem 1935 in Nordwestsibirien gegründeten Norilsk. Die Exporte aus Norilsk wogen mit 1,5 Millionen Tonnen allein mehr als doppelt so viel wie alle im selben Jahr auf dem Transitweg verschifften Güter (0,7 Millionen).

Trotz fortschreitenden Klimawandels ist die Zukunft der Nordostpassage als Abkürzung des Welthandels ungewiss. Klar ist hingegen, dass ihr in den Plänen der Rohstoffgroßmacht Russland eine Schlüsselrolle zukommt. Schon seit zwei Jahrzehnten fließen Investitionen in den Neubau von Eisbrechern und eismeertauglichen Flüssiggastankern, in die Modernisierung von Häfen und Kommunikationstechnik. Für 2024 ist die durchgehende Nutzung des Nördlichen Seewegs auch in den Wintermonaten angekündigt; schon drei Eisbrecher der neuesten, besonders starken Arktika-Klasse stehen dafür bereit. Im selben Jahr sollen, so hatte es Putin im Boomjahr 2018 per Erlass festgelegt, 80 Millionen Tonnen über den Nördlichen Seeweg verschifft werden.

Dieses ehrgeizige Ziel liegt in weiter Ferne – 2022 stockte das Wachstum des Transportvolumens bei gut 34 Millionen Tonnen. Das lag keineswegs an den im Westen nach Beginn des Ukrainekriegs angekündigten Importstopps. Erdöl ist erst seit 2023 sanktioniert und konnte über den Nördlichen Seeweg umgehend nach Ostasien umgeleitet werden, während Flüssigerdgas und Nickel weiterhin aus Sibirien nach Europa gelangen. Jedoch stagnierte, auch weil Technologielieferungen aus dem Ausland wegbrachen, der Ausbau der ehrgeizig

geplanten und erst teilweise aus dem Tundraboden gestampften Öl- und Gasterminals an der nordsibirischen Küste. Sie bilden das Kernstück im russischen Entwicklungsplan für den Nördlichen Seeweg.

Denn unter dem Seeweg (und weiter Richtung Nordpol) liegen Erdgas- und Erdölfelder, Buntmetalle und seltene Erden, die weltweit zu den größten Reserven gehören. Während strittig ist, wer einmal Zugriff auf die Rohstoffe unter den internationalen Gewässern um den Nordpol erhält – nur die Anrainer oder die Weltgemeinschaft? –, kann Russland schon jetzt die Bodenschätze aus seiner 200-Meilen-Zone vor Sibirien einplanen. In dieser Ausschließlichen Wirtschaftszone, die jeder Küstenstaat beanspruchen kann, gesteht das UN-Seerechtsübereinkommen Moskau nicht nur zu, den Schiffsverkehr durchs Eis zu kontrollieren, sondern auch das Privileg, nach Bodenschätzen zu bohren oder Fisch zu fangen. Zumindest Ersteres verlangt aufwendige Fördertechnik, die Russland bislang aus dem Westen bezogen hat.

Der Nördliche Seeweg ist aber nicht nur eine Schifffahrtsroute, sondern für Russland ein Symbol nationaler Größe. Gut ein Fünftel des Staatsgebiets liegt in der Arktis sowie die meisten Bodenschätze des Landes; das Polarmeer war das erste Meer, das das expandierende Zarenreich erreichte. Seit der Eroberung Sibiriens im 17. Jahrhundert ist Russland der größte arktische Staat. Jahrhundertelang bildete das Eismeer seinen nördlichen Schutzpanzer, aber auch den einzigen Zugang zum Atlantik. Im Kalten Krieg, wie heute wieder, durchkreuzte Russlands Nordflotte den Arktischen Ozean. Neben der zivilen Infrastruktur sind auch die Militäranlagen entlang seiner Ufer in den letzten Jahren modernisiert worden.

Die offizielle Arktisstrategie Russlands lässt keinen Zweifel daran, dass sie die Kontrolle des Nördlichen Seewegs nicht aus dem UN-Seerechtsübereinkommen ableitet, sondern dass dies natürliche, historisch legitimierte Exklusivrechte seien. Sie würden daher auch dann nicht hinfällig, wenn mit fortschreitendem Klimawandel die UN-Sonderregeln für vereiste Gewässer wegfielen. Mit dieser Auffassung steht die russische Regierung freilich allein. Sogar Peking, Russlands wichtigster Verbündeter, würde eine stärkere Internationalisierung der Route bevorzugen – versteht es sich doch als arktisnaher Staat und den Nördlichen Seeweg als Nebenroute seiner Neuen Seidenstraße, jenem riesigen Infrastrukturprojekt zur Verklammerung Eurasiens, das der chinesische Präsident Xi Jinping 2013 angestoßen hatte.

Zehn Jahre später, auf dem dritten Internationalen Seidenstraßenforum in Peking im Oktober 2023, verlor Xi trotz Putins Gegenwart kein Wort mehr über die Zukunft der Nordostpassage. Sie ist damit zwar keine Sackgasse, aber eine Einbahnstraße für die Rohstoffexporte Russlands geworden, das sich auch auf diesem Weg in immer engere Abhängigkeit von China, seinem größten Handelspartner, begibt.

Linke Seite oben **Eislandschaft in der Karasee. Die Strömung bildet aus den Schollen ständig neue geometrische Muster**

Darunter **Die „Anabar" im Schneesturm in der Barentssee**

Andreas Renner, Jahrgang 1964, ist Historiker und Professor für Russland-Asien-Studien an der Ludwig-Maximilians-Universität München. Er hat zu russischem Nationalismus, zur Medizingeschichte und Fotografie publiziert. Seit er von Japan aus Russlands Küste im Westen gesehen hat, erforscht er Russland als asiatische und maritime Macht, nicht mehr nur als Teil Osteuropas. Nun erscheint im mareverlag sein Buch „Nordostpassage".
Charles Xelot, Jahrgang 1985, lebt als freier Fotograf in Marseille. Für dieses Projekt unternahm er neun Reisen zur Nordostpassage, vier davon auf Schiffen, fünf an der Küste. In den insgesamt acht Monaten beeindruckten ihn vor allem die Seeleute, die ein nomadisches Leben führen, immer mit der gleichen Routine, den gleichen Kollegen, den gleichen Gefahren. Nur die Landschaft bietet Abwechslung: Der gefrorene Ozean zeigt sich in Tausenden Schattierungen vom dunkelsten Grau bis zum strahlendsten Weiß.

mareRadio

Jeden ersten Sonntag im Monat auf Bremen Zwei

SAMMLUNGEN

Sonntag, 4. Februar, 12.05 Uhr, Bremen Zwei

NAH UND FERN

Sonntag, 3. März, 12.05 Uhr, Bremen Zwei

Was liegt ferner, als die Schweiz mit Seefahrt in Verbindung zu bringen? Vielleicht den Urlaub am Meer gegen den Blick auf die schnöde Fototapete einzutauschen? Wenn Landratten in die Ferne schweifen, kann einiges schiefgehen. Zum Glück gibt es Fernglas und Leuchtturm, damit man die schroffe Felsenküste nicht doch aus zu großer Nähe kennenlernt. **mareRadio** berichtet von Auswandererserien im Fernsehen, Schweizer Reedereien und einem römischen Bauwerk, das denkbar weit entfernt von Rom errichtet wurde.

SCHLESWIG-HOLSTEIN

Sonntag, 7. April, 12.05 Uhr, Bremen Zwei

Kein anderes Bundesland ist so eng mit dem Meer verbunden wie Schleswig-Holstein. Die Strände an Nord- und Ostseeküste ziehen jedes Jahr Millionen Badeurlauber an, aber auch abseits der Seebäder gibt es einiges zu entdecken. In der Landeshauptstadt Kiel soll unterdessen ein großer Meereserlebnispark entstehen, und die Landespolitik debattiert über die Einrichtung eines Nationalparks Ostsee. Von Lübeck bis Flensburg, von Sylt bis Brunsbüttel – **mareRadio** lädt ein zur Reise durchs Land zwischen den Meeren.

Termine

ALKERSUM/FÖHR

600 Fuß über NN. Das Wattenmeer. Fotografiert von Peter Hamel

Aus einem Flugzeug erkundet der Fotograf Peter Hamel die deutsche Westküste von Borkum bis Sylt und porträtiert eine von Wind, Wasser und Wellen geformte Landschaft. Bis 12.1.2025, Di–So 11–16, ab 19.3. Di–So 10–17 Uhr, Museum Kunst der Westküste. www.mkdw.de

BARCELONA (ESP)

Animals on Board

Tiere und Menschen sind seit Jahrhunderten gemeinsam auf Schiffen und Booten unterwegs. Die Ausstellung zeigt zum Thema Fotos aus öffentlichen und privaten Sammlungen sowie Bilder, die über einen Aufruf in den sozialen Medien gesammelt wurden. Bis 3.3., täglich 10–20 Uhr, Museu Marítim de Barcelona. www.mmb.cat

BERLIN

Dünnes Eis. Komm mit auf Klima-Expedition!

Die Ausstellung demonstriert, wie es ist, in der Arktis zu forschen. Besucher messen die Eisdicke, suchen nach Mikroorganismen und finden heraus, wie lange es noch mehrjähriges Eis geben wird. Bis 8.9., Di–Fr 9–17.30, Sa, So, Feiertage 10–18 Uhr, Deutsches Technikmuseum. www.technikmuseum.berlin

CUXHAVEN

Helgoland. Eine historische Bilderreise

Julius Simonsens (1867–1943) großformatige Fotografien der 1920er und 1930er zeigen bisher weitgehend unveröffentlichte Inselmotive. Er besuchte die Hochseeinsel in der Zwischenkriegszeit regelmäßig. Viele seiner Aufnahmen waren als Ansichtspostkarten, Leporellos und als Ansichtsmappenwerke begehrt. Im zweiten Teil stehen historische Fotos neben aktuellen Aufnahmen vom selben Standort. 3.3.–26.5., Di–So 10–17, ab 1.4. täglich 10–18 Uhr, Windstärke 10 – Wrack- & Fischereimuseum. www.windstaerke10.net

Wir freuen uns über Ihre Veranstaltungshinweise:
mare-Termine
Wiebke Böse
Pickhuben 2
20457 Hamburg
E-Mail: termine@mare.de
Redaktionsschluss der nächsten Ausgabe ist der 11. März 2024.

FLENSBURG

Seemannsgarn

Die Ausstellung entführt aufs Meer und unter die Wasseroberfläche zu Meerjungfrauen, Kraken und anderen Seegestalten. Was nicht fehlen darf: die Gedankenwelt der Seeleute, die über Jahrhunderte durch harten Alltag und Gefahren geprägt wurde – und vor allem von den Menschen und Kulturen, denen sie auf ihren Fahrten begegnet sind. Bis 7.4., Di–So 10–17 Uhr, Schifffahrtsmuseum. www.schifffahrtsmuseum-flensburg.de

HAMBURG

Elbwärts

Neue Gemälde von Tobias Duwe, Lars Möller, Till Warwas. Für die gemeinsame Ausstellung haben sich die drei Künstler Motiven am Fluss und Orten der Stadtlandschaft genähert, die sie mit je eigenem Blick festgehalten haben. Die annähernd 100 Bilder sind größtenteils eigens für die Ausstellung, vornehmlich „en plein air", entstanden. Bis 12.2., Mo, Mi–So 11–18 Uhr, Jenisch Haus. www.shmh.de

KASSEL

Alina Hubarenko. Die junge Frau und das Meer

Einzelausstellung mit Gemälden der deutsch-ukrainischen Künstlerin und Ärztin. Zentrales Thema ihres Werks ist das Meer und sein Wasser. 1.3.–21.4., Do, Fr 15–19 Uhr, Kubatur Kultur-Bahnhof. www.kulturbahnhof-kassel.de

OLDENBURG

World Press Photo 2023

Die jährliche Schau präsentiert

die Ergebnisse des World Press Photo Contest 2023 und zeigt die besten und wichtigsten Fotojournalisten und Dokumentarfotografen des vergangenen Jahres. Die Gewinner wurden von einer unabhängigen Jury ausgewählt, die mehr als 60 000 Fotos von über 3700 Fotografen aus mehr als 120 Ländern geprüft hat. 17.2.–10.3., Di, Mi, Sa, So 10–18, Do, Fr 10–20 Uhr, Landesmuseum für Kunst & Kultur. www.worldpressphoto.org

POTSDAM

Munch. Lebenslandschaft

Die Ausstellung fokussiert auf Edvard Munchs Auseinandersetzung mit der Natur. Einerseits verstand der norwegische Wegbereiter des Expressionismus die Natur als sich zyklisch erneuernde Kraft, andererseits sah er sie als Spiegel seiner seelischen Zerrissenheit. Bis 1.4., Mo 10–19, Mi–So 9–19 Uhr, Museum Barberini. www.museum-barberini.de

VANCOUVER (CAN)

Under 60 Tons

Fotograf Reave Dennison hat in seinen Filmen und Schwarz-Weiß-Fotografien einen in der Kunstwelt selten thematisierten Industriezweig porträtiert: Schleppschiffe. An Bord dokumentierte er die extremen Bedingungen wie Wetter, Seekrankheit, Einsamkeit dieser entfernten Arbeitswelt. Bis 20.5., Di–So 10–17 Uhr, Vancouver Maritime Museum. www.vanmaritime.com

WIEN (AUT)

Arktis. Polare Welt im Wandel

Die Auswirkungen des Klimawandels haben die Arktis ins Zentrum weltweiter Aufmerksamkeit gerückt. Die Schau zeigt die Facetten und Rollen dieses einzigartigen Ökosystems aus unterschiedlichen Blickwinkeln. Bis 22.9., Do–Mo 9–18, Mi 9–20 Uhr, Naturhistorisches Museum. www.nhm-wien.ac.at

BREMEN

Die Overbecks – neu sortiert

So waren die Bilder von Fritz und Hermine Overbeck noch nie zu sehen: Die Künstlerin Ulrike Brockmann hat ausgewählte Gemälde des Worpsweder Künstlerpaars zur Grundlage eigener Kunstwerke gemacht. Abbildungen von deren Originalgemälden aus der Zeit um 1900 bearbeitete sie mittels einer eigens entwickelten Software, zerlegte sie in ihre Farbwerte und ordnete diese, nach der Häufigkeit ihres Vorkommens sortiert, neu an. Durch behutsame künstlerische Eingriffe in Kontrast und Binnendifferenzierung entstanden eigenständige, ungegenständliche Kunstwerke (im Bild: „Abend im Moor“, 2023), die sich vom zugrundeliegenden Motiv vollkommen lösen und ihre Stimmung allein über die Farbigkeit evozieren. Die freie, experimentelle Herangehensweise führt dazu, dass man anschließend auch die mehr als 100 Jahre alten Gemälde von Fritz und Hermine Overbeck mit neuen Augen sieht.

Bis 14. April, Di bis Fr 11 bis 18, Sa, So 11 bis 17 Uhr, Overbeck-Museum. www.overbeck-museum.de

mare TV

Jeden ersten und dritten Donnerstag im Monat im NDR Fernsehen

USEDOM

DER STÜRMISCHE CHARME DER SONNENINSEL

15. Februar, 20.15 Uhr, NDR Fernsehen

Sobald der Sommertrubel auf Usedom nachlässt, wandelt sich das Bild der zweitgrößten Insel Deutschlands: Dann peitscht schon mal ein Ostseesturm entlang der mit zwölf Kilometern längsten Strandpromenade Europas. Doch auch in der kühlen Jahreszeit macht die „Sonneninsel“ ihrem Namen alle Ehre und taucht die legendären Kaiserbäder in besonders mildes Licht. Die Insulaner haben Usedom nun fast für sich und verfallen keineswegs in einen „Winterschlaf“ …

DIE KARIBIKINSEL DOMINICA

7. März, 20.15 Uhr, NDR Fernsehen

SCHOTTLANDS GRAFSCHAFT ABERDEENSHIRE

21. März, 20.15 Uhr, NDR Fernsehen

URUGUAY

4. April, 20.15 Uhr, NDR Fernsehen

Geomar Helmholtz-Zentrum für Ozeanforschung, Kiel

Meeresbergbau setzt Tiefseequallen unter Stress

Schon in wenigen Jahren wollen Rohstoffunternehmen Bodenschätze am Meeresgrund abbauen. Biologen befürchten, dass die dadurch aufgewirbelten Sedimentwolken möglicherweise schwimmende Organismen beeinträchtigen. Eine Gruppe um die Meeresforscherinnen Vanessa Stenvers und Helena Hauss vom Geomar in Kiel hat jetzt herausgefunden, dass diese Sedimentwolken Tiefseequallen tatsächlich unter Stress setzen können. Dafür setzte das Team viele Exemplare der faustgroßen Kronenqualle *Periphylla periphylla* während einer Schiffsexpedition vor Norwegen unterschiedlichen Sedimentkonzentrationen aus. Wie sich zeigte, produzieren die Quallen vermehrt Schleim, wenn sich Sediment auf ihrer Haut absetzt – um die störenden Partikel loszuwerden. Das erhöhe den Energiebedarf der Tiere, schreiben die Forscher im Fachmagazin „Nature Communications". So zeigten genetische Untersuchungen, dass mit steigender Sedimentkonzentration Gene hochgefahren werden, die sowohl die Atmungsaktivität regeln als auch das Immunsystem und die Wundheilung aktivieren – klare Anzeichen für Stress. Hauss: „Bislang wurde meist untersucht, wie sich der Tiefseebergbau auf den Meeresboden auswirkt. Wir haben jetzt Effekte auf Tiere im Freiwasser beschrieben." *ts*

Alfred-Wegener-Institut, Helmholtz-Zentrum für Polar- und Meeresforschung, Bremerhaven

Großprojekt zur Bekämpfung der Wollhandkrabbe

Vor mehr als 100 Jahren kam sie aus Asien zu uns nach Westeuropa: die Chinesische Wollhandkrabbe. Inzwischen ist sie zu einer Plage geworden. Die Krabben wandern jedes Jahr zum Ablaichen Richtung Nordsee und erzeugen dort Millionen Nachkommen. Das Problem: Wenn die Jungkrabben wieder flussaufwärts wandern, fressen sie die Reusen von Fischern leer und verstopfen Kühlwasserrohre. Zudem zerstören sie mit ihrem Panzer Wasserpflanzen in den Flüssen. In einem europäischen Verbundprojekt soll jetzt erstmals das Ausmaß der Krabbeninvasion erfasst werden. Zum Einsatz kommt dabei eine in Belgien entwickelte, einfache Krabbenfalle – eine Stahlrinne, die am Grund eines Flusses über dessen ganze Breite verlegt wird, sodass die wandernden Krabben hineinfallen. Sobald sie aus der Rinne klettern, landen sie in aufgestellten Sammelbehältern. In Belgien wurden auf diese Weise an einem kleinen Fluss gut drei Millionen Krabben in nur zwei Jahren gefangen. Jetzt sollen in Deutschland und anderen Ländern zehn weitere Fallen an sechs Flüssen hinzukommen, um die Krabbenpopulationen abzuschätzen. „Außerdem wollen wir herausfinden, ob sich die Wohlhandkrabbe auf diese Weise dezimieren lässt", sagt Björn Suckow, Biologe am Alfred-Wegener-Institut, der als deutscher Projektpartner beteiligt ist. „Da die Krabben überall in Nordwesteuropa verbreitet sind, können wir sie nur gemeinsam bekämpfen." *ts*

University of Plymouth, Großbritannien

Schiffswracks schützen Meerestiere

Eine Studie, die im Fachmagazin „Marine Ecology" erschienen ist, zeigt erstmals im Detail, wie überlebenswichtig Schiffswracks für Meereslebewesen sind – vor allem in Gebieten, wo mit Grundschleppnetzen gefischt wird. Forscher von der University of Plymouth hatten die Menge der Lebewesen an den Wracks mit der in befischten Gebieten verglichen. Das Ergebnis ist eindeutig: In den Wracks befanden sich 240 Prozent mehr Tiere als in den Fischereigebieten. Im Umkreis von 50 Metern um das Wrack waren es sogar 340 Prozent mehr – weil Fischer einen Sicherheitsabstand einhalten und die Tiere somit ungestört bleiben. Die Forscher führten auch einen Vergleich mit Meeresschutzzonen durch, in denen die Fischerei seit längerer Zeit verboten ist. Diese Gebiete übertrafen sogar die Wracks. In den Schutzzonen war die Menge der Tiere um 148 Prozent größer als in den Wracks und um 85 Prozent größer als neben ihnen. Das verdeutliche, wie wichtig natürliche, ungestörte Meereslebensräume seien, so die Forscher. Die Studie zeige, was möglich wäre, wenn man die Fischerei mit Grundschleppnetzen einschränke. *ts*

WWF Global Arctic Programme, Solna, Schweden

DNA verrät Wanderrouten der Eisbären

Amerikanische und schwedische Wissenschaftler erforschen derzeit das Wanderverhalten von Eisbären mithilfe des genetischen Fingerabdrucks. Im Fachmagazin „Frontiers in Conservation Science" berichten sie, wie sie Hautschuppen aus Tatzenabdrücken im Schnee gewannen und daraus die DNA der Tiere extrahierten. Dank der genetischen Informationen konnten sie die Wanderwege von zwölf Eisbären in Alaska ermitteln. „Normalerweise ist es schwierig, teuer und zeitaufwendig, Eisbären in der Arktis zu finden, geschweige denn, sie zu zählen und zu verstehen, wie sie mit dem Klimawandel zurechtkommen", sagt Projektleiterin Melanie Lancaster vom Global Arctic Programme der Umweltorganisation WWF. Die DNA-Methode sei viel einfacher, weil man die Eisbären dafür weder suchen noch stören müsse. Auch könnten sich Freiwillige an der Suche nach Eisbären-DNA beteiligen. Meist genüge eine kleine Schneeprobe, um ausreichend Hautschuppen zu sammeln. Lancaster hofft, dass diese Methode von anderen Eisbärenforschern übernommen wird. Wie die Autoren in ihrer Studie schreiben, ist ihnen der DNA-Nachweis auch bei anderen Tierarten wie dem Luchs und dem Schneeleoparden gelungen. *ts*

world ocean review
Mit den Meeren leben.
2024
8
Klimaretter Ozean?
Wie das Meer (noch)
mehr Kohlendioxid
aufnehmen soll
Herausgegeben von
maribus in Kooperation mit
future ocean
KDM
mare

Welches Heft fehlt Ihnen noch?

Alle unten gezeigten mare-Ausgaben sind in unserem Shop erhältlich. Bestellen Sie einfach und schnell unter www.mare.de oder kontaktieren Sie uns per Telefon +49/(0)8105/388-103 oder per Fax +49/(0)8105/388-210.

In unserem mareshop unter www.mare.de finden Sie nicht nur sämtliche mare-**Hefte**, -**Bücher**, -**Kalender** und -**Bildbände**, sondern auch passende **Schuber**, unsere beliebten **Badetücher** und viele weitere Produkte. Und wenn Sie vergriffene Hefte suchen oder Platz in Ihrem mare-Regal schaffen wollen, dann schalten Sie doch eine Gratisanzeige in unserem Hafenbasar oder handeln dort mit Ihren gebrauchten Heften.

Zum Beispiel:
mare-**Sammelbox** 30 €

Alle Preise zuzüglich Versandkosten (in D pauschal 3,50 €, EU 5 €, übrige Länder 7,50 €). Die Versandkosten entfallen, wenn der Bestellwert den Betrag von 30 € überschreitet (gilt nur für D und A). mare-Hefte sind, soweit nicht vergriffen, zum Preis von 7,50 € (ab No. 74: 8,50 €, ab No. 98: 9,50 €, ab No. 131: 12 €, ab No. 155: 13,50 €), erhältlich.

Die „San José“ in Flammen. Gemälde von Samuel Scott, vor 1772

Geschichte

Präsident will Schatz heben

Unmengen an Gold- und Silbermünzen und tonnenweise Smaragde: Diesen seit drei Jahrhunderten versunkenen Schatz will der kolumbianische Präsident Gustavo Petro heben lassen. Auf einen Wert von mehreren Milliarden Euro wird die Fracht der spanischen Galeone „San José“ geschätzt, die 1708 vor der Hafenstadt Cartagena von einem britischen Schiffsgeschwader versenkt wurde. Kolumbiens Kulturminister Juan David Correa sagte der Nachrichtenagentur Bloomberg, es gehöre zu Petros Prioritäten, das Wrack noch in seiner bis 2026 dauernden Amtszeit vom Grund des Meeres zu bergen. Er habe Beamte bereits angewiesen, dazu eine öffentlich-private Partnerschaft gründen zu lassen. Seit die kolumbianische Regierung 2015 den Fund des legendären Wracks vermeldete, weckt es verschiedenste Begehrlichkeiten. Anspruch erhebt neben Kolumbien auch Spanien, unter dessen Flagge die „San José“ fuhr und wohin sie auch unterwegs war, als sie sank. Anspruch auf die Hälfte des Werts erhebt zudem ein US-Unternehmen, das das Schiff schon in den frühen 1980er-Jahren lokalisiert haben will. Indigene Gemeinschaften in Peru und Bolivien sehen sich als rechtmäßige Eigentümer der Schätze, weil diese auf ihrem Gebiet und von ihren Vorfahren zusammengetragen wurden. Wem die „San José“ gehört, versuchen Gerichte schon seit Jahren zu klären. *cb*

Paläontologie

Uralter Seestern entdeckt

Aus der Entfernung ist es ein eher unspektakulärer Feuerstein – doch als Hobbypaläontologe Thomas Freiberg ihn beim Spaziergang am Ostseestrand im Kreis Plön entdeckte, fiel ihm sofort eine außergewöhnliche Marmorierung ins Auge. Wie an einer dicken Kette reihen sich im sonst grauen Stein weiße, unregelmäßig geformte Plättchen aneinander. Zwei Jahre lang bewahrte Freiberg den Fund auf, bis er ihn schließlich nach Kiel zur Computertomografie brachte. Die Untersuchung bestätigte das, was er von Beginn an vermutete: Im Tomogramm ist ein komplett erhaltener, versteinerter Seestern zu sehen, geschätztes Alter: mindestens 66 Millionen Jahre. Damit stammt das Fossil aus der Zeit der Oberkreide. „Das Besondere ist aber, dass es so gut wie vollständig ist“, sagt René Hoffmann, Paläontologe an der Ruhr-Universität Bochum. „Denn bei Seesternen liegt das Skelett lose im Weichkörper. Wenn dieser sich nach dem Tod zersetzt, kann die kleinste Wellenbewegung die porösen und sehr leichten Skelettteile in alle Richtungen zerstreuen. Es geht also eigentlich ganz schnell, dass von so einem Seestern nicht mehr viel übrig ist.“ In diesem Fall müsse das Tier ungewöhnlich schnell

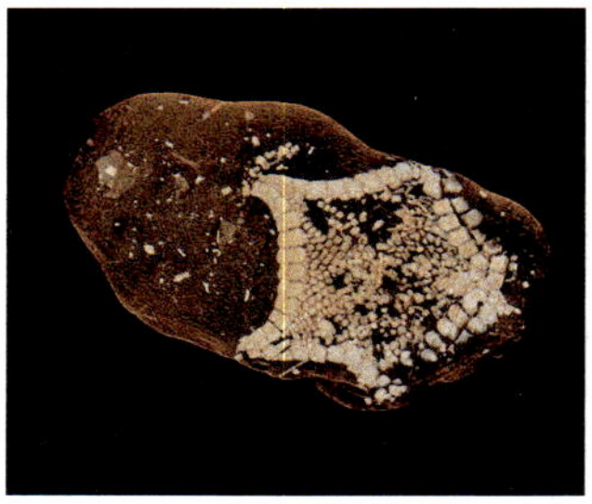

66 Millionen Jahre altes Fossil

nach dem Tod umschlossen worden sein. „Das ist sehr selten. Ich glaube, es gibt höchstens drei oder vier Exemplare, die so vollständig erhalten sind.“ Laut dem Finder Freiberg laufen derzeit Untersuchungen in den Niederlanden und am Naturkundemuseum in Berlin. Dabei soll herausgefunden werden, um welche Art es sich bei dem Seestern handelt. *cb*

Politik

Taiwan baut eigenes U-Boot

Sieben Jahre nach Ankündigung der Pläne ist in Taiwan das erste U-Boot aus eigener Produktion vom Stapel gelaufen. „Wir haben es geschafft“, sagte die scheidende Staatspräsidentin Tsai Ing-wen bei der Zeremonie in Kaohsiung und sprach von einer konkreten Maßnahme, um sich zu verteidigen. Man sei täglich mit neuen militärischen Bedrohungen aus China konfrontiert, erklärte Außenminister Joseph Wu. Deshalb sei es wichtig, die Verteidigungskapazitäten auszubauen. Taiwan plant die Herstellung von insgesamt acht eigenen U-Booten. Die 70 Meter lange „Hai Kun“, zu Deutsch: Narwal, hat ein US-Kampfsystem und in den USA hergestellte Torpedos an Bord. Ab 2025 soll das Boot fester Bestandteil der Marine sein, 2027 folgt mindestens ein weiteres. Mit der Flotte hofft Taiwan, seine maritimen Grenzen besser schützen zu können. China betrachtet die Insel als Teil

Stapellauf des Taiwan-U-Boots

ihres Territoriums. Nur die Taiwanstraße trennt Taiwan von der Volksrepublik, die in der Meerenge regelmäßig Manöver abhält und schon mehrfach mit einer Invasion gedroht hat. In einer ersten Reaktion warf Pekings Außenministerium Taiwan vor, den Frieden in der Region zu untergraben. Taiwan sei ein „untrennbarer Teil“ Chinas, und die „Wiedervereinigung“ über die Taiwanstraße werde erreicht. *cb*

Wissenschaft

Neue Entsalzungsmethode

Eine neue Hybridmembran soll das Entsalzen von Meerwasser künftig nachhaltiger und wirtschaftlicher machen. Den Entwicklern zufolge befreit die Membran sich selbst von den Ablagerungen, die mit der Zeit entstehen. Dadurch könne ihre Betriebsdauer erhöht und der Durchfluss des Wassers um mehr als 43 Prozent gesteigert werden, so die Forscher der privaten New York University Abu Dhabi. Gelingen soll das mithilfe von sogenannten thermosalienten organischen Kristallen, mit denen die Membran durchsetzt ist. Werden sie erwärmt, verändern sie schlagartig ihre Struktur und beginnen zu „hüpfen“ – als Folge schwingt die Membran mit hoher Frequenz und schleudert die Ablagerungen von sich. „Herkömmliche Membranen müssen ab einer gewissen Verstopfung entweder ersetzt oder mit aggressiven Chemikalien gereinigt werden“, erklärt Ejaz Ahmed, einer der Projektleiter. Die Selbstreinigungsfunktion der Hybridmembran werde hingegen bereits bei 40 Grad aktiviert. „Ihr muss lediglich mehrere Sekunden lang ein heißer Wasserstoß zugeführt werden“, so Ahmed. Damit könnte der Prozess nicht nur umweltfreundlicher werden, sondern auch deutlich günstiger. *cb*

Umwelt

Riff-Rettung vor Philippinen

Mithilfe von Setzlingen und 3-D-gedruckten Tonziegeln sollen in einer philippinischen Bucht Mangrovenwälder und ein zerstörtes Korallenriff wiederhergestellt werden. Das Start-up rrreefs will dafür aus selbst entwickelten Steckelementen ein 50 Quadratmeter großes künstliches Riff bauen, in dem ver-

Vor 50 Jahren

Die Helsinki-Konvention wird unterzeichnet

Die Nachricht findet sich am 23. März 1974 auf Seite eins des DDR-Organs „Neues Deutschland“. Tags zuvor, am 22. März, hat DDR-Umweltminister Hans Reichelt das „Übereinkommen über den Schutz der Meeresumwelt des Ostseegebiets“ unterzeichnet – neben Dänemark, Schweden, Finnland, der Sowjetunion, Polen sowie der Bundesrepublik Deutschland. Der sogenannten „Helsinki-Konvention“ beizutreten ist für die DDR ein außenpolitischer Erfolg, möchte sie doch als zweiter deutscher Staat international anerkannt werden. Zugleich ist man sich auch in Ostberlin über den bedenklichen Zustand der Ostsee bewusst. Große Gebiete sind durch Schadstoffe aus Landwirtschaft und Industrie belastet. Dazu kommen Überfischung und die Gefahren durch verklappte Munition aus den Weltkriegen. Die Bundesrepublik ratifiziert das Vertragswerk als letzter Staat erst 1980. Im Fokus der folgenden Jahre stehen nun Programme zur Minderung der Umweltbelastungen für die Ostsee. Dabei kommt es auch zu politischen Spannungen. So gibt die Sowjetunion lange nicht zu, dass über ihre Flüsse hohe Mengen an PCB in die Ostsee fließen, Folge der geheimen Rüstungsproduktion. 1992 wird die Konvention reformiert und mit der HELCOM mit Sitz in Helsinki eine ständige Kommission installiert. Die baltischen Staaten sind als neue Anrainer hinzugekommen; statt der Sowjetunion ist die Russische Föderation dabei, ebenso die EU. Man will sich nun aktiv für die Wiederherstellung des Ökosystems Ostsee einsetzen. Doch die Bilanz ist ernüchternd: „Überdüngung und Verschmutzung, Sauerstoffverlust, Überfischung, Zerstörung von Lebensräumen und Landnutzung belasten die Ostsee weiterhin zunehmend“, heißt es im jüngsten HELCOM-Bericht vom Herbst 2023. Auch politisch ist die Lage kompliziert: Seit dem Krieg gegen die Ukraine sind alle offiziellen Kontakte nach Moskau ausgesetzt. *fk*

Illustration: Ueli Etter

Vorbild: ein Riff aus Steckelementen vor Kolumbiens Küste

schiedene Meeresbewohner nach und nach ein Zuhause finden. Die Organisation Mama Earth Foundation pflanzt zudem je 3000 Mangrovensetzlinge vor dem wiederhergestellten und weitere 3000 vor einem beschädigten Riff. „Wir versuchen erstmals, Riff und Mangrovenwald gleichzeitig wiederaufzubauen“, erklärt Meeresbiologin und rrreefs-Mitgründerin Ulrike Pfreundt. „Unsere Hoffnung ist, dass man einen gegenseitigen positiven Effekt erzielt. Denn Mangroven spenden Schatten und halten das Wasser in Heißwasserperioden etwas kühler. In den Korallenriffen herrscht dafür eine viel größere Biodiversität, die dann auch bis in die Mangrovenwälder wirkt.“ Mangroven binden enorme Mengen an CO_2 und können bis zu fünfmal mehr Treibhausgase speichern als andere Bäume. Weitere Projektpartner sind die Zurich Gruppe Deutschland und das Team Malizia um den Segler Boris Herrmann, die sich auf den Philippinen schon länger für die Wiederaufforstung der Mangrovenwälder einsetzen. *cb*

Klima

Asyl für Bewohner Tuvalus

Australien hat angeboten, Einwohner des vom steigenden Meeresspiegel bedrohten Inselstaats Tuvalu als Klimaflüchtlinge aufzunehmen. Bei einem Treffen auf den Cookinseln unterzeichneten die Premiers beider Länder dazu ein historisches Abkommen. „Wir denken, dass die Bevölkerung von Tuvalu die Wahl haben sollte, anderswo zu leben, zu studieren und zu arbeiten, während sich der Klimawandel verschärft“, heißt es in der gemeinsamen Erklärung. 11 000 Einwohner hat Tuvalu, zunächst sollen 280 Menschen im Jahr nach Australien übersiedeln dürfen und dort ein dauerhaftes Aufenthaltsrecht erhalten. Im Gegenzug bekommt Australien ein Vetorecht bei allen sicherheits- oder verteidigungspolitischen Abkommen, die Tuvalu mit anderen Ländern schließen will. Als niedrig gelegenes Land sei Tuvalu besonders vom Klimawandel betroffen, sagte der australische Premier Anthony Albanese bei der Pressekonferenz. „Seine Existenz ist bedroht. Ich glaube, dass die Industrienationen die Verantwortung haben, Hilfe zu leisten, und genau das tun wir.“ Tuvalus Regierungschef Kausea Natano bezeichnete das Abkommen als Zeichen der Hoffnung und sprach von einem „großen Schritt nach vorn“. In 100 Jahren, so schätzen Experten, könnte der Inselstaat komplett überflutet sein. *cb*

Australiens und Tuvalus Premiers

Wirtschaft

Streit um seltene Erden

Der Streit um eines der wohl größten Vorkommen seltener Erden weltweit landet vor Gericht: Das australische Unternehmen Energy Transition Minerals hat vor dem Schiedsgericht in Kopenhagen Klage wegen des Stopps seines Bergbauprojekts im Süden Grönlands eingereicht. Es will prüfen lassen, ob die Regierungen in Grönland und Dänemark damit gegen Gesetze verstoßen haben. Das Unternehmen, das teilweise auch in chinesischer Hand ist, will auf dem Kuannersuit-Plateau seltene Erden und Uran abbauen und hat eigenen Angaben zufolge nach einer ersten Explorationsgenehmigung viel Geld in Vorbereitungen gesteckt. Weil es das Projekt nun nicht fortführen kann, fordert es 11,5 Milliarden US-Dollar Schadenersatz, falls es nicht doch noch eine Lizenz erhält. Hintergrund ist ein Gesetz, mit dem die neu gewählte grönländische Regierung im Jahr 2021 die Pläne stoppte. Grönland ist reich an wertvollen Rohstoffen, die bisher jedoch wegen logistischer und klimatischer Schwierigkeiten kaum abgebaut wurden. „Das Kuannersuit-Projekt gehört mit dem direkt angrenzenden Tanbreez-Projekt zu den beiden ganz großen Seltene-Erden-Projekten auf der Insel und auch weltweit“, erklärt Geologe Harald Elsner von der Bundesanstalt für Geowissenschaften und Rohstoffe. Die Kuannersuit-Mine wurde zum beherrschenden Thema des Wahlkampfs: Befürworter erhoffen sich davon Arbeitsplätze und Unabhängigkeit, wegen des Urans ist das Projekt aber umstrittener als Tanbreez. Gegner warnen vor Plänen, die vorsehen, giftige Abfälle in einem See in der Umgebung zu lagern. Einwohner der nahe gelegenen

Stadt Narsaq befürchten Schäden für Gesundheit, Landwirtschaft und Natur. Als bei der Wahl die Parteien eine Mehrheit erreichten, die gegen das Projekt waren, lösten sie mit einem neuen Rohstoffgesetz ihr wichtigstes Versprechen ein. Seither ist die Suche nach Uran in Grönland ebenso verboten wie sein Abbau, und auch anderer Bergbau ist ab einem bestimmten Urangehalt untersagt. Für die Kuannersuit-Pläne bedeutete das Gesetz auch mit Blick auf die seltenen Erden das zumindest vorläufige Aus. Abzuwarten ist, ob die Klage – oder ein Regierungswechsel – daran noch etwas ändern kann. *cb*

Milliardenprojekt: Der Rogfast-Tunnel soll 2033 eröffnet werden

Verkehr

Straßentunnel der Rekorde

Mit dem Bau des längsten und tiefsten Unterwassertunnels der Welt dringt Norwegen in neue verkehrstechnische Dimensionen vor. Mit fast 27 Kilometer Länge und einer maximalen Tiefe von 392 Metern bricht die Konstruktion alle Weltrekorde. Der Rogfast-Tunnel umfasst die Unterquerung des Boknafjords und des Kvitsøyfjords nördlich von Stavanger. „Zwei der drei Bauabschnitte sind schon in Arbeit. Der letzte Teil wird von uns im Sommer 2024 in Angriff genommen“, sagt Anne Brit Moen, Projektleiterin bei Skanska Norge AS. Die Baufirma arbeitet im Auftrag der norwegischen Straßenbehörde. „2033 wird Rogfast eingeweiht“, prophezeit Behördensprecher Øyvind Ellingsen. Dann soll nicht nur Autoverkehr durch die Zwillingsröhren – jede Röhre hat einen Durchmesser von 10,5 Metern – fließen. Auch Fußgänger und Radfahrer können den Tunnel teilweise nutzen. Er wird in jede Richtung zwei Fahrspuren haben, mit Notdurchgängen alle 250 Meter. In 500-Meter-Abständen werden Notruftelefone und Kameras installiert. Etwa in der Tunnelmitte wird es einen Abzweig zur Insel Kvitsøy geben. Der 1,7-Milliarden-Euro-Tunnel ist Teil des gigantischen, 37 Milliarden Euro teuren Bauprojekts Ferjefri E39 („Fährenfreie E39“): die Erneuerung der E39 von Kristiansand im Süden bis Trondheim in Mittelnorwegen. Diese Küstenroute ist zwar eine der schönsten Straßen Norwegens. Doch Pendler und die Wirtschaft leiden unter einer Fahrzeit von rund 21 Stunden. Statt sieben Fährverbindungen und sich schlängelnden Routen sollen rund 100 Brücken und 40 Tunnel die Fahrzeit auf zehn Stunden drücken. *jsc*

Biologie

Meeresvogel trotzt Taifun

Die wohl aufregendste Reise seines Lebens hat ein Sturmtaucher im September 2019 erlebt: Wie die Auswertung von GPS-Daten zeigt, wurde das Tier vom Taifun „Faxai“ erfasst, der mit Windgeschwindigkeiten von 200 Stundenkilometern über Japan hinwegfegte. Elf Stunden blieb das Tier im Sturm, zog mit ihm die Küste entlang übers Festland und wieder zurück zum Meer. Dabei flog der Vogel fünf große Schleifen von bis zu 80 Kilometer Durchmesser – und legte eine Flugstrecke von 1146 Kilometern zurück. Nachvollzogen werden konnte sein Weg, weil Kozue Shiomi von der Tohoku-Universität ihn und 13 Artgenossen zuvor mit GPS-Sendern versehen hatte. Im Fachblatt „Ecology“ schreibt sie, mit Blick auf immer heftigere Stürme sei es wichtig zu verstehen, wie wild lebende Tiere extreme Wetterbedingungen überleben können. Das Ergebnis: Die meisten Sturmtaucher hatten ausreichend Abstand zum Taifun oder schafften es, ihn zu umfliegen. Nur der eine Vogel geriet in den Sturm, wurde auf eine schwindelerregende Höhe von 4700 Metern hinaufgetragen und erreichte dabei mit 170 Stundenkilometern das Dreifache der bisher gemessenen Maximalgeschwindigkeit. Unklar ist, ob der Vogel mit Absicht im Sturm blieb. „Einmal erfasst und in Richtung Land getrieben, wäre es möglicherweise sicherer gewesen, im Sturm zu bleiben, bis er mit verringerter Windgeschwindigkeit wieder zum Meer zurückkehrte“, so Forscherin Shiomi. Für diese Theorie spreche, dass der Vogel sich sofort auf dem Wasser niederließ, als er sich wieder über dem Ozean befand. Fünf Stunden lang erholte er sich dort, ehe er wieder losflog. *cb*

Illustration: Ueli Etter

Impressum

mare

Verleger und Chefredakteur
Nikolaus Gelpke (V.i.S.d.P.)

Stellvertretender Chefredakteur Textchef
Karl Spurzem
spurzem@mare.de

Art Director
Nadja Zobel
zobel@mare.de

Photo Directors
Petra Koßmann, Anastasia Hermann
kossmann@mare.de, hermann@mare.de

Redaktion Leben/Politik
Dimitri Ladischensky
ladischensky@mare.de

Redaktion Wirtschaft/Wissenschaft
Jan Keith
keith@mare.de

Redaktion Kultur
Zora del Buono, Martina Wimmer
delbuono@mare.de, wimmer@mare.de

Redaktion Online
Wiebke Böse
boese@mare.de

Leitung Marketing/Kommunikation
Jan Lehmköster
lehmkoester@mare.de

Vertriebsleitung
Karin Trommer
trommer@mare.de

Buchhaltung
Nicole Steinhauser
steinhauser@mare.de

Organisation
Eva Grünert
gruenert@mare.de

Satz/Lithografie
Andrea Best
best@mare.de

Korrektorat
Susanne Feyke

Druck
Druckhaus Kaufmann

Vertrieb
D-Force-One GmbH
ISSN 1432-928X
ISBN 978-3-86648-451-1

Abonnementvertrieb
QS Quality Service GmbH

Anschriften

Redaktion und Verlag
mareverlag GmbH & Co. oHG
Sandthorquaihof
Pickhuben 2, 20457 Hamburg
Telefon 040/36 98 59-0
Fax 040/36 98 59-99
mare@mare.de, www.mare.de

Redaktionsbüro Berlin
Hagelberger Straße 53/54
10965 Berlin
Art Direction: Telefon 030/612 86 156
Photo Direction: Telefon 030/617 027 34
Redaktion Kultur: Telefon 030/612 806 93
Fax 030/612 806 94

Abonnementservice

mare-Service
Postfach 11 10 11, 20410 Hamburg
service@abo.mare.de
Telefon +49/(0)40/3007-3536, Fax -853536
Jahresabonnement: 67,50 Euro
Studentenabonnement: 60,75 Euro

mare ist stets erhältlich im
Bahnhofs- und Flughafenbuchhandel.

mare erscheint im mareverlag
GmbH & Co. oHG, HRA 90234,
PHG: Dreiviertel Verlag GmbH,
HRB 63029, Nikolaus Gelpke

Anzeigen

Anzeigenleitung mare
Anke Wiegel
Speersort 1, 20095 Hamburg
Telefon 040/3280-345
anke.wiegel@zeit.de

Lifestyle
Rudigier Consulting
Telefon 089/3742 6655
Mobil 0160/9094 9098
Steinbacherstraße 8, 81675 München
patricia@rudigier-consulting.com

International
iq media marketing gmbh
Gerda Gavric-Hollender
Telefon 0211/887-2343
Toulouser Allee 27, 40211 Düsseldorf
gerda.gavric-hollender@iqm.de

Bild- und Textnachweise

Bildnachweise
(l.: links; r.: rechts; M.: Mitte; o.: oben; u.: unten)
Titel (Illustration): [M] mare, Sophy Hollington; S. 3: Mathias Bothor/Photoselection; S. 4 v.o.l.n.u.r.: Palani Mohan; National Historical Museum (Athens Greece); Kristina Steiner; Prismatic Pictures/Bridgeman Images; Jörn Kaspuhl (Illustration); Chapman University Digital Commons, Source: Jonathan Silent Film Collection, Number: W-079; Charles Xelot; S. 6/7: mare/Illustration: RB+MKB-Deskkart, Hamburg; S. 10–25 (Kalligrafie): Lei Zhang; S. 11–25: Palani Mohan; S. 26 (Karte): Peter Palm, Berlin; S. 27: Mathias Bothor; S. 29: courtesy of the artist Sara Berman/Kristin Hjellegjerde Gallery; S. 30–32: Universiteitsbibliotheek Utrecht, Call number: MAG: T fol 133 (Rariora) dl 1; S. 33: Nasjonalbiblioteket/National Library of Norway, Image Number: qKart 1641 ib; S. 34 und 36 (Vignetten): Karl Fischer; S. 35: Johann Baptist Kuhn, Peter Hess, „Bouboulina blockiert Nauplia", um 1845, Lithografie, 60 cm x 44,5 cm, Münchner Stadtmuseum, Sammlung Graphik/Gemälde, https://sammlungonline.muenchner-stadtmuseum.de/objekt/bobolina-blockiert-nauplia-10250986, Foto: Julia Krüger; S. 39: © Melanie Schlachter-Peschke; S. 40–47: Kristina Steiner; S. 48 o. (Illustration, Ausschnitt): IMAGO/KHARBINE-TAPABOR; S. 48 u.: Louis Renault © Editions Aquarelles; S. 49: Prismatic Pictures/Bridgeman Images; S. 50: ullstein bild – Renault; S. 51: Louis Renault © Editions Aquarelles; S. 53 (alle): Achim Multhaupt/laif; S. 56/57: Adriana Basques, adrianabasques.com; S. 59: Wade and Robyn Hughes; S. 60/61: Tony Wu/NPL/Minden Pictures; S. 63: © Franco Banfi; S. 64: Adriana Basques, adrianabasques.com; S. 65 (Hintergrund): Andrea Gjestvang/Panos Pictures; S. 66–74 (Illustration): Jörn Kaspuhl; S. 77 (Hintergrund): © Mark Owen/Trevillion Images; S. 79 (Illustration): Orlando Hoetzel; S. 81 und 82: Mathias Bothor; S. 86: Collection Jewish Museum, Amsterdam; S. 87: Collection Jewish Museum, Amsterdam, © Charlotte Salomon Foundation; S. 91: The Mariners' Museum and Park, Newport News, Virginia, https://catalogs.marinersmuseum.org/object/ARI8710, Archive Number: MS0175/-#027; S. 93 o.: Chapman University Digital Commons, Source: Jonathan Silent Film Collection, Number: W-079; S. 93 u.: Chapman University Digital Commons, Source: Jonathan Silent Film Collection, Number: W-114; S. 94 o.: The Mariners' Museum and Park, Newport News, Virginia, https://catalogs.marinersmuseum.org/object/ARI8729, Archive Number: MS0175/-#047; S. 94 u.: The Mariners' Museum and Park, Newport News, Virginia, https://catalogs.marinersmuseum.org/object/ARI8737-, Archive Number: MS0175/-#055; S. 95 (alle): Andrea Gjestvang; S. 96 u.: © Hamburger Kunsthalle/bpk, Foto: Elke Walford; S. 96 o.: Privatsammlung, Hamburg, Foto: Dirk Dunkelberg, Berlin; S. 102 (Illustration): Adrian Pourviseh, aus dem besprochenen Buch; S. 103 (Porträt): privat; S: 104–116: Charles Xelot; S. 112 (Karte): Peter Palm, Berlin; S. 118: PHAS/Universal Images Group via Getty Images; S. 119 (Kasten): Ulrike Brockmann, „Sortiertes Sehen – Abend im Moor", Fritz Overbeck, 2023, Copyright: the artist; S. 119 o.: Jan Kubea/Use-Domer-Fotografie.de; S. 124–127 (Illustration unten): Ueli Etter; S. 124 o.: https://commons.wikimedia.org/wiki/File:Wager%27s_ Action_off_Carta gena,_28_May_1708.jpg (Stand: 4.1.2024); S. 124 u.: © MVZ Prüner Gang; S. 125 l.: picture alliance/AP Photo/Chiang Ying-ying; S. 125 (Kasten): © Esri, © Europe's seas, EEA; S. 126 o.: © Leila Tazi; S. 126 u.: picture alliance/AP Photo/Mick Tsikas; S. 127 o.: Statens vegvesen/NPRA; S. 127 (Illustration): Kriki/Christian Groß; S. 128: Heike Ollertz/Agentur Focus; S. 129: Cyril Ruoso; S. 130: Felix Scheinberger; Heftrücken: Conny Bangert.

Textnachweise
S. 28 o.: Serge van Duijnhoven, „Bei einem schlafenden Körper", aus dem Holländischen von Ulrike Schwabe, aus: unveröffentlichtes Manuskript, literaturWERKstatt, Berlin, 2001; S. 28 u.: Thomas Mann, „Der Tod in Venedig", aus: „Der Tod in Venedig und andere Erzählungen", S. Fischer Verlag, Frankfurt am Main, 1989.

Der Abonnementauflage von mare sind Beilagen von Plan International e.V. und Fattoria La Vialla hinzugefügt. Wir bitten um freundliche Beachtung.

ClimatePartner
klimaneutral
Druck | ID 11061-1707-1001

mare wird klimaneutral hergestellt und an die Abonnenten in einer kompostierbaren Biofolie versendet.

Vorschau

mare *No. 163*

ab 5. April im Zeitschriften- und Buchhandel

April/Mai 2024

Strand der Dschungeltiere

In der Südhälfte der Küste Gabuns liegt einer der einsamsten und schönsten Strände Afrikas. Hier sieht man keine Menschen, sondern nur Tiere: Elefanten, Büffel, Pinselohrschweine, Antilopen, Affen und gelegentlich sogar Flusspferde, die ein Bad im Ozean nehmen. Aber warum kommen all die Tiere, die sonst nie ans Meer gehen, ausgerechnet hierher?

Weitere Themen im Heft

Die Seekadetten von Odessa
Odessa ist berühmt für seine Seekadetten, die das Stadtbild prägen. Doch seit Kriegsbeginn waren sie nicht mehr auf See.

Posh – ein Begriff und seine Geschichte
Stammt der Ausdruck „posh“ für „vornehm“ gar nicht aus der hippen Clubszene Londons, sondern aus der Schifffahrt?

Historischer Fischfang
Das Wissen indigener Völker um nachhaltigen Fischfang reicht Jahrtausende zurück. Können wir uns ein Beispiel nehmen?

Der in Berlin lebende Illustrator Prof. Felix Scheinberger interpretierte für mare den Song „If I Were a Fish" von Corinne Savage, Bühnenname Corook, und Olivia Barton. Die beiden Indie-Pop-Musikerinnen studierten am renommierten Berklee College of Music in Boston und leben als Paar in Nashville, Tennessee. Am vergangenen 11. April gelang ihnen ein Rekord: Ihr in zehn Minuten geschriebenes und in 15 Minuten aufgenommenes Video von „If I Were a Fish", ein „verrücktes" Duett mit Gitarre, das sie auf TikTok veröffentlichten, wurde binnen zwei Stunden eine Million Mal abgerufen, wenige Wochen später waren es schon 20 Millionen Abrufe. Der virale Hit machte die beiden über Nacht zu Stars, ironischerweise mit einem Song, der Intoleranz und Hassrede in sozialen Medien, die sie als queeres Paar erfahren, zum Thema hat.